高一同學的目標

1. 熟背「高中常用7000字」

2. 月期考得高分

3. 會說流利的英語

1.「用會話背7000字①」書 + CD 280元

以三個極短句為一組的方式，讓同學背了會話，同時快速增加單字。高一同學要從「國中常用2000字」挑戰「高中常用7000字」，加強單字是第一目標。

2.「一分鐘背9個單字」書 + CD 280元

利用字首、字尾的排列，讓你快速增加單字。一次背9個比背一個字簡單。

3. rival

<u>rival</u>[5] 〔ˈraɪvḷ〕 n. 對手
ar<u>rival</u>[3] 〔əˈraɪvḷ〕 n. 到達
fes<u>tival</u>[2] 〔ˈfɛstəvḷ〕 n. 節日；慶祝活動
　　　　　　　　　　　　　　}都有 rival

re<u>vival</u>[6] 〔rɪˈvaɪvḷ〕 n. 復甦
sur<u>vival</u>[3] 〔səˈvaɪvḷ〕 n. 生還
car<u>nival</u>[6] 〔ˈkɑrnəvḷ〕 n. 嘉年華會
　　　　　　　　　　　　　　}字尾是 vival

car<u>nation</u>[5] 〔kɑrˈneʃən〕 n. 康乃馨
do<u>nation</u>[6] 〔doˈneʃən〕 n. 捐贈
donate[6] 〔ˈdonet〕 v. 捐贈
　　　　　　　　　　　　　　}字尾是 nation

U0084451

3.「一口氣考試英語」書 + CD 280元

把大學入學考試題目編成會話，背了以後，會說英語，又會考試。

例如：

What a nice surprise! (真令人驚喜！)【常考】
I can't believe my eyes.
(我無法相信我的眼睛。)
Little did I dream of seeing you here.
(做夢也沒想到會在這裡看到你。)【駒澤大】

4.「一口氣背文法」書+ CD 280元
英文文法範圍無限大，規則無限多，誰背得完？
劉毅老師把文法整體的概念，編成216句，背完
了會做文法題、會說英語，也會寫作文。既是一
本文法書，也是一本會話書。

1. 現在簡單式的用法

I *get up* early every day. 　　我每天早起。

I *understand* this rule now. 　　我現在了解這條規定了。

Actions *speak* louder than 　　行動勝於言辭。
words.

【二、三句強調實踐早起】

5.「高中英語聽力測驗①」書+ MP3 280元

6.「高中英語聽力測驗進階」書+ MP3 280元
高一月期考聽力佔20%，我們根據大考中心公布的
聽力題型編輯而成。

7.「高一月期考英文試題」書+ CD 280元
收集建中、北一女、師大附中、中山、成功、景
美女中等各校試題，並聘請各校名師編寫模擬試
題。

8.「高一英文克漏字測驗」書 180元

9.「高一英文閱讀測驗」書 180元
全部取材自高一月期考試題，英雄
所見略同，重複出現的機率很高。
附有翻譯及詳解，不必查字典，對
錯答案都有明確交待，做完題目，
一看就懂。

高二同學的目標──提早準備考大學

1. 「用會話背7000字①②」
   書+CD，每冊280元

   「用會話背7000字」能夠解決
   所有學英文的困難。高二同學
   可先從第一冊開始背，第一冊
   和第二冊沒有程度上的差異，
   背得越多，單字量越多，在腦
   海中的短句越多。每一個極短句大多不超過5個字，1個字或
   2個字都可以成一個句子，如：「用會話背7000字①」p.184，
   每一句都2個字，好背得不得了，而且與生活息息相關，是
   每個人都必須知道的知識，例如：成功的祕訣是什麼？

   ## 11. What are the keys to success?

Be *ambitious*.	要有<u>雄心</u>。
Be *confident*.	要有<u>信心</u>。
Have *determination*.	要有<u>決心</u>。
Be *patient*.	要有<u>耐心</u>。
Be *persistent*.	要有<u>恆心</u>。
Show *sincerity*.	要有<u>誠心</u>。
Be *charitable*.	要有<u>愛心</u>。
Be *modest*.	要<u>虛心</u>。
Have *devotion*.	要<u>專心</u>。

   當你背單字的時候，就要有「雄心」，要「決心」背好，對
   自己要有「信心」，一定要有「耐心」和「恆心」，背書時
   要「專心」。

   背完後，腦中有2,160個句子，那不得了，無限多的排列組
   合，可以寫作文，有了單字，翻譯、閱讀測驗、克漏字都難
   不倒你了。高二的時候，要下定決心，把7000字背熟、背
   爛。雖然高中課本以7000字為範圍，編書者為了便宜行事，
   往往超出7000字，同學背了少用的單字，反倒忽略真正重要
   的單字。千萬記住，背就要背「高中常用7000字」，背完之
   後，天不怕、地不怕，任何考試都難不倒你。

2.「時速破百單字快速記憶」書＋CD 280元

字尾是 try，重音在倒數第三音節上

entry[3] ('ɛntrɪ) n. 進入【No entry. 禁止進入。】
country[1] ('kʌntrɪ) n. 國家；鄉下【ou 讀 /ʌ/，為例外字】
ministry[4] ('mɪnɪstrɪ) n. 部【mini = small】

chemistry[4] ('kɛmɪstrɪ) n. 化學
geometry[5] (dʒɪ'ɑmətrɪ) n. 幾何學【geo 土地，metry 測量】
industry[2] ('ɪndəstrɪ) n. 工業；勤勉【這個字重音常唸錯】

poetry[1] ('po‧ɪtrɪ) n. 詩
poultry[4] ('poltrɪ) n. 家禽 } 字尾 y 表「集合名詞」
pastry[5] ('pestrɪ) n. 糕餅

3.「高二英文克漏字測驗」書 180元
4.「高二英文閱讀測驗」書 180元
全部選自各校高二月期考試題精華，英雄所見略同，再出現的機率很高。

5.「7000字學測英文模擬試題詳解」書280元
一般模考題為了便宜行事，往往超出7000字範圍，無論做多少份試題，仍然有大量生字，無法進步。唯有鎖定7000字為範圍的試題，才會對準備考試有幫助。每份試題都經「劉毅英文」同學實際考過，效果奇佳。附有詳細解答，單字標明級數，對錯答案都有明確交待，不需要再查字典，做完題目，再看詳解，快樂無比。

6.「高中常用7000字解析【豪華版】」書 390元
按照「大考中心高中英文參考詞彙表」編輯而成。難背的單字有「記憶技巧」、「同義字」及「反義字」，關鍵的單字有「典型考題」。大學入學考試核心單字，以紅色標記。

7.「高中7000字測驗題庫」書 180元
取材自大規模考試，解答詳盡，節省查字典的時間。

編者的話

　　取代「國中基測」，「國中教育會考」自 2014 年開始舉辦，已經四年，作為九年級生進入高中成績評量的重要標準。相較於基測，難度和鑑別度都更高。

　　學習出版公司以最迅速的腳步，在一個禮拜內，出版「**106 年國中會考各科試題詳解**」，展現出最驚人的效率。本書包含 106 年度「國中會考」各科試題：英語、數學、社會、自然和國文，書後並附有心測中心所公布的各科選擇題答案。另外，在英語科詳解後面，還附上了**英語試題修正意見**。本書還提供了國中會考「**英語聽力**」的**聽力稿**和**詳解**，這是學習出版公司在聽力音檔一公布後，立即請外籍編輯聽寫下來的文稿，並附上中文翻譯和解釋，搶先獨家收錄。

　　這本書的完成，要感謝各科名師全力協助解題：

英語／謝靜芳老師・蔡琇瑩老師・李冠勳老師
　　　　葉哲榮老師・謝沛叡老師
　　　　美籍老師　Laura E. Stewart
　　　　　　　　　Christain A. Brieske

數學／吳　俅老師

社會／洪　浩老師

國文／李　婕老師

自然／陳　毅老師

　　本書編校製作過程嚴謹，但仍恐有缺失之處，尚祈各界先進不吝指正。

劉　毅

CONTENTS

106 年國中教育會考英語科試題

閱讀測驗（第 1-41 題，共 41 題）

第一部分：單題（第 1-15 題，共 15 題）

1. Look at the picture. The dog is
   sitting _____.
   (A) on the bag
   (B) next to the woman
   (C) inside the bag
   (D) between the woman and the bag

2. My sister wants to buy a car _____ she doesn't have enough
   money.
   (A) because　　(B) but　　　(C) if　　　(D) or

3. Jim always forgets my birthday. He has asked me many times
   and still can't _____ it.
   (A) answer　　　　　　　　(B) celebrate
   (C) remember　　　　　　　(D) understand

4. The little girl was _____ by a truck on her way home and
   was badly hurt.
   (A) hit　　　　(B) led　　　　(C) lost　　(D) paid

5. Excuse me. I really need to go now. My kids _____ for
   me at school.
   (A) are waiting　(B) were waiting　(C) wait　(D) waited

6. Amy's father is very sick. The doctors can do nothing for
   him, so Amy went to the temple to _____ for him.
   (A) care　　　　(B) count　　　　(C) look　　(D) pray

7. I'm glad that my school has students wear _____. I don't
   have to worry about what clothes to wear to school.
   (A) belts　　　　(B) caps　　　(C) gloves　　　(D) uniforms

8. We are surprised that Sally and Ray decided to get married.
   No one knows _____. They often fight with each other
   and are unhappy together.
   (A) why　　　　(B) where　　　(C) when　　　(D) how

9. I don't think Katie will read any one of the books you've
   picked out for her: _____ look(s) very boring.
   (A) it　　　　　(B) one　　　　(C) some　　　(D) they

10. Jenny's bag is very heavy because _____ filled with toy
    cars.
    (A) it is　　　　(B) they are　(C) there is　　(D) there are

11. _____ a map with you when you go to a place for the first
    time.
    (A) Have taken　(B) Take　　　(C) Taking　　　(D) To take

12. The weather _____ rainy and cloudy in the last few days.
    I hope the sun will come out soon.
    (A) has been　　(B) had been　(C) will be　　　(D) would be

13. All the excuses Nick made _____ a lot about how much
    he hates to do the job.
    (A) say　　　　(B) saying　　　(C) which say　(D) to say

14. Sabine walks so _____ in the apartment that sometimes you don't even know she's just passed by. You wonder if her feet ever touch the floor.

(A) freely　　(B) lightly　　(C) shyly　　(D) slowly

15. In the past, people thought it was a _____ idea to send e-mails and read news online, but now it is part of our everyday life.

(A) simple　　(B) popular　　(C) good　　(D) fresh

第二部分：題組（第 16-41 題，共 26 題）

（16-18）

The book festival is coming!

Do you have some books you don't want?
Your old love may be someone's new favorite.
Bring one book to the Town Library & get another one home for free!

✘When & How:

March 2 - March 14　　*Bring one book for one book festival card.*

March 16 - March 31　　*Bring one card for one book you like to read.*

✘What books:

All kinds of books EXCEPT school books, comic books, and dictionaries.

Notice:

①*Your book must be in good shape, without any page missing.*

②*Your book must be clean, and nothing is written on it.*

Want to know more?　Please call 1234-5678.　(We are closed on Mondays.)

-Town Library-

16. What is the book festival for?

(A) Selling second-hand books.

(B) Telling people how to choose books.

(C) Inviting people to change books with each other.

(D) Konwing what kinds of books are the most popular.

17. Sonja is busy packing some books for the book festival. Whick is most likely one of them?

📖 likely 可能

(A) An old dictionary of medicine.

(B) A book of short stories in English.

(C) A picture book with her own notes.

(D) A workbook she used in her math class.

18. Look at the calendar. If Sean has a book festival card, when can he use it?

📖 calendar 月曆

(A) March 3.

(B) March 14.

(C) March 23.

(D) March 29.

March						
Sun.	Mon.	Tues.	Wed.	Thurs.	Fri.	Sat.
	1	2	3	4	5	6
7	8	9	10	11	12	13
14	15	16	17	18	19	20
21	22	23	24	25	26	27
28	29	30	31			

（19-21）

I had a <u>horrendous</u> experience last Saturday.

That day, my family went camping near a big lake. While my parents were preparing dinner, my brother and I were playing by the lake. A dirty man appeared from somewhere, and his face was half covered by his hair. He walked to us and asked for some water.

When I gave him water, the bag he carried dropped, and things inside fell out on the grass. I saw a rope, a knife, and a baseball bat. The strangest thing was that there were also a woman's shoe and a ring, and I'm sure they were not his. The man quickly put all his things back in the bag and looked at us angrily. At that moment, the picture of a man the police was looking for came to my mind. He was the crazy killer! I was so afraid that I could not move at all.

Luckily, before he could get any closer, my mom shouted from far away, and the man hurried off into the dark.

📖 while 當……之時

19. What happened in the story?
   (A) A killer was caught by the police.
   (B) The writer's family invited a stranger to dinner.
   (C) The writer's brother ran to their parents for help.
   (D) A man ran away after he heard the writer's mother's voice.

20. What can we learn about the writer and the man with a bag?
    (A) The man attacked the writer.
    (B) The writer followed the man into the dark.
    (C) The writer did not find out who the man was in the end.
    (D) The man did not want the writer to see things in his bag.

21. How do people feel when they experience something
    horrendous?
    (A) Angry.   (B) Sad.
    (C) Scared.   (D) Tired.

(22-24)

Ruth: I've got two tickets for a football game. The Lions vs.
    the Sharks, front-row seats, next Saturday. Interested?
    You can take Jessica to the game.

Nate: How did you get the tickets?! They were all sold out
    months ago!

Ruth: And a table for two at Leeds.

Nate: Leeds?! But I called them yesterday and they said they
    were all booked for the year!

Ruth: Now it's yours. You and Jessica can have a lovely dinner
    there after the game.

Nate: Wait a second. This is just not like you. What's the catch?

Ruth: Well, you know this Friday I'm leaving for my vacation
    in London, and ….

Nate: And what?

Ruth: And I was thinking if Charlie could stay with you next
    week.

Nate: The whole week?!

Ruth: Please! I can't just leave him in my apartment.

Nate: You know I hate that stupid dog! And he hates me too.

Ruth: Please! You're my last hope.

Nate: I need to think about <u>it</u>.

Ruth: OK, but not too long.

📖 book 訂位

22. What does <u>the catch</u> mean in the dialogue?

(A) A plan that starts well but ends badly.

(B) A fact that everyone knows but never talks about.

(C) A problem that is hidden behind something good.

(D) An action that is right in one way but wrong in another.

23. What does <u>it</u> mean in the dialogue?

(A) Taking care of Charlie.

(B) Having dinner with Jessica.

(C) Going to the football game.

(D) Going to London for vacation.

24. What do we know from the dialogue?

(A) Ruth will go to London next Saturday.

(B) Ruth had trouble booking a hotel room in London.

(C) Nate is the first person that Ruth thought of for help.

(D) Nate is surprised that Ruth was able to book a table at Leeds.

（25-26）

When you need to see a doctor, surely you will want to see a good one. But there is one important thing you may never have thought about: Has your doctor rested enough?

Doctors in our country often have to work 34 hours or longer without sleep. Most of them work 104 hours a week, and some even 150. (There are only 168 hours a week!) One report said that a doctor who works such long hours cannot think more clearly than a drunk driver. Another found that doctors who sleep 5.8 fewer hours than the week before might make 22% more serious mistakes. Surely no one wants to get in a car that is driven by a drunk driver. So, how safe would you feel when you are under the care of a tired doctor?

Sadly <u>this problem</u> has been around for a long time. There are no laws about it yet and hospital bosses don't look like they care either. And that is why we doctors are asking you to join us on the street this Sunday. Fight together with us on the street so we can fight better for your life in the hospital.

📱 *Time: 1 p.m. May 2ⁿᵈ*　📱 *Place: City Hospital Square*

📖 drunk 酒醉的　　law 法律

25. What is this reading for?

(A) Telling people rules about hospital visits.

(B) Getting people to stand up and speak for doctors.

(C) Telling people how to find a good doctor for themselves.

(D) Getting doctors to share their experiences in saving lives.

26. What does this problem mean in the reading?

(A) Doctors' long working hours.

(B) Doctors' problems with nurses.

(C) Doctors do not see enough people a day.

(D) Doctors are not paid enough for their work.

（27-28）

Have you ever seen a pumpkin that looks like a nose or an apple that looks like a funny face? They may not look great, but they taste just as good as the pretty ones. These strange-looking fruit and vegetables are called "seconds." About 20-40% of what farmers grow is not so beautiful. Sadly, these "seconds" seldom arrive at your table, but often go straight into the trash can. Why? It's because supermarkets don't want to buy them from farmers—they believe their shoppers only love beautiful things. Because of these "seconds," some farmers lose a lot of money.

Wonky Markt wishes to change this. We're helping sell these "seconds." Farmers can save them from the trash can, and you can get them at a lower price.

Wonky Markt

1. NT$ 250 a box.
2. You can choose as many as six kinds of fruit and vegetables a box.
3. Service charge: NT$ 50 a box.
4. No service charge if order is over NT$1,000.

Send us photos of your delicious dishes that are made with our "seconds" to oneandonly@wonkymarkt.com, and you may win our cookbook.

📖 service charge 手續費

27. What does Wonky Markt care about?
    (A) Supermarkets often sell "seconds" at a lower price.
    (B) Farmers don't know how to grow fewer "seconds."
    (C) "Seconds" are thrown away because of how they look.
    (D) People don't know much about picking fresh "seconds."

28. What do we know about buying the "seconds" from Wonky Markt?
    (A) You can save 20-40% if you shop for a second time.
    (B) If you buy three boxes, you will need to pay NT$900.
    (C) You can choose not only their size but also their shape.
    (D) To win the cookbook, you need to buy at least six boxes.

（29-30）

Below is the news about Dashing Shuttle's bus line changes.

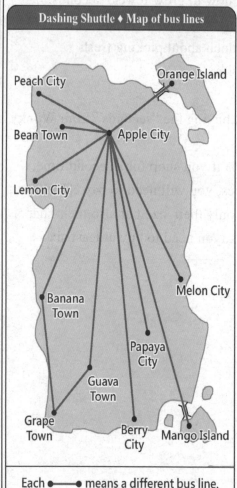

Dashing Shuttle ♦ Map of bus lines

Peach City
Orange Island
Bean Town
Apple City
Lemon City
Melon City
Banana Town
Papaya City
Guava Town
Grape Town
Berry City
Mango Island

Each ●——● means a different bus line.

🚌 **Dashing Shuttle**

1. Great news for people who travel between **Apple City** and **Peach City**! From July 1, we have three more buses to **Peach City** every day.

2. A trip from **Apple City** to **Lemon City** or **Berry City** will take less time. From July 1, you can go from **Apple City** to each of the two cities without changing buses.

3. Dashing Shuttle is the first in the country to open a bus line between **Apple City** and **Orange Island**. From July 1, our bus will take you to **Orange Island** every day!

4. Our bus line between **Apple City** and **Grape Town** will stop running on June 30. From July 1, changing buses at **Guava Town** or **Banana Town** will be the best way to travel.

5. From July 1, our bus runs from **Apple City** to **Mango Island** three times a day. You don't need to change buses at **Melon City** anymore.

29. What can we learn from the reading?

   (A) No buses go from Apple City to Orange Island before the bus line changes.

   (B) Before July 1, those who want to visit Mango Island have to take a bus at Berry City.

   (C) Traveling from Apple City to Grape Town will take less time after the bus line changes.

   (D) Before July 1, Dashing Shuttle does not have buses from Apple City to Peach City.

30. Which is most likely Dashing Shuttle's map of bus lines before July 1?

📖 likely 可能

(A)

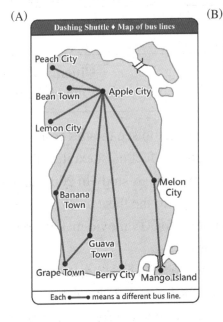

(B)

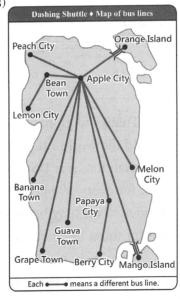

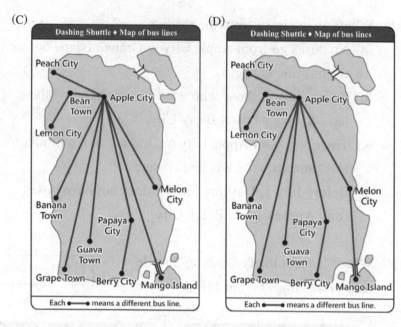

(C)

Dashing Shuttle ♦ Map of bus lines

Each ●——● means a different bus line.

(D)

Dashing Shuttle ♦ Map of bus lines

Each ●——● means a different bus line.

(31-33)

Cinema Times
June 5th, 2005

Thanks to globalization, we get to see movies from around the world. If anyone should feel most excited about globalization, it is US movie makers. A study in 2001 shows that, for every 100 people who go to the theater, 85 see US movies. This may be good news for US movie makers, but not for those in other countries.

Chart 1 shows the percentages (%) of US movies in five countries in 1984 and in 2001; Chart 2 shows the percentages (%) of domestic movies in the five countries in 1984 and in 2001. In Chart 1, we can see that US movies have been popular in foreign markets. In Chart 2, we can see that domestic movies in the five countries are not doing well in their domestic market. The falling market for domestic movies may be a serious problem, but there is something more important. When people welcome US movies with open arms, they in fact also say yes to the American way of thinking. Some people in these countries worry that what is lost may not just be their domestic market for domestic movies, but also their own way of thinking that has been passed down from parents to children.

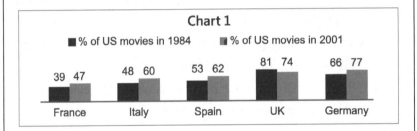

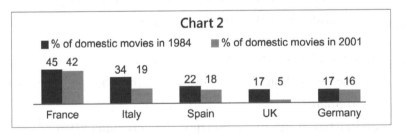

📖 globalization 全球化　　domestic 當地的；國產的；本國的

31. What does the report say about globalization's influence on the movie world?

    📖 influence 影響

    (A) It has changed the way of making movies.
    (B) It has changed a country's domestic market for movies.
    (C) It has brought together movie makers from around the world.
    (D) It has helped US movies make more money abroad than in the US.

32. What can we learn from the report?
    (A) The American way of thinking may be changed when it is brought to other countries.
    (B) More and more people are asking their country to help their domestic movie business.
    (C) US movies are popular in foreign markets because English is spoken in many countries.
    (D) The fact that US movies are popular may mean the American way of thinking is popular.

33. From the charts, which is true?
    (A) The percentage (%) of US movies has changed the least in Spain.
    (B) In each of the five countries, the percentage (%) of domestic movies has fallen.
    (C) Of all five countries, UK's domestic movies have the smallest drop in percentage (%).
    (D) When the percentage (%) of domestic movies drops, the percentage of US movies rises.

（34-37）

Jerry Stevens has been unhappy these months. He __34__ a proud businessman of a successful shaved ice shop. His highest sales numbers were 1,899 plates a week; people called him "Ice King." But all this changed when the cookie shop across the street started selling ice cream cookies. It took away half of his business.

And __35__ when Dan, his dead sister's only son, came to work for him.

Dan was a nice young man with a simple mind, too simple, maybe. He always let people try some shaved ice for free, but he never learned to see when "some" became "too much." Many people came, but few bought. When the sales did not grow with the heat, Jerry started to worry. He wanted to send Dan home. But how could he? Dan had no family except him.

Then, one day, __36__. And it was from across the street. The cookie shop __37__ a clerk. For Jerry, it was a great chance to get Dan out of his store without sending him home. After taking the shopkeeper to several nice dinners, Jerry got Dan the job.

Now Jerry could finally try and save his store. And

maybe Dan would help by sending him a few people who are thirsty from eating too many cookies.

📖 shaved ice 刨冰

34. (A) is   (B) has been
     (C) used to be   (D) was going to be

35. (A) things didn't get better   (B) he was ready to give up
     (C) the sales of shaved ice finally started to rise
     (D) the cookie shop was not successful for long

36. (A) his only hope died   (B) good news arrived
     (C) worse trouble came   (D) the hard time passed

37. (A) used to look for   (B) has looked for
     (C) was looking for   (D) had looked for

（38-41）

Englishman Robert Scott is known for leading two trips to Antarctica. The first one made him a star; the second   38 .

After his first successful trip, Scott decided to be the first person to stand on the South Pole. However,   39 . He would be in a race with Roald Amundsen, from Norway. Both left their countries by ship in June of 1910 and arrived in Antarctica in January of 1911.

About ten months later, both teams started their trips down to the South Pole.   40 . Amundsen's team used dogs, and Scott's team used horses. Because horses weren't good at traveling on snow, it took Scott's team 77 days to arrive at the South Pole. They got there on January 17,

1912, and were surprised to find that Amundsen was ahead of them. The news hit Scott very hard, but what he didn't know was that ___41___. His team began their long trip home with broken hearts. After days of terrible weather and little food, Scott lost his men one after another, and he himself was the last one to meet the end of his life. No one on his team lived to go back home and tell their story. It was only learned through Scott's diary.

38. (A) hurt his health　　(B) opened his eyes
　　(C) cost him his life　　(D) made his dream come true

39. (A) he didn't want to take this trip with others
　　(B) he wasn't the only one who had this dream
　　(C) he wouldn't let anyone else take his prize away
　　(D) he couldn't miss the chance to make his country proud

40. (A) And Scott used a popular way for his men to travel fast
　　(B) But there were problems to deal with before they traveled
　　(C) But Amundsen didn't know better about animals than Scott
　　(D) And their ways of traveling decided which team would win

41. (A) there was still hope
　　(B) no one ever believed him
　　(C) the worst had not come yet
　　(D) Amundsen had not been honest

聽力測驗（第 1-21 題，共 21 題）

第一部分：辨識句意（第 1-3 題，共 3 題）

作答說明：第 1-3 題每題有三張圖片，請依據所聽到的內容，選出符合描述的圖片，每題播放兩次。

示例題：你會看到

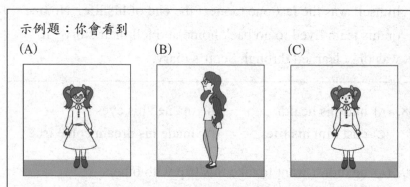

然後你會聽到……（播音）。依據所播放的內容，正確答案應該選 A，請將答案卡該題「Ⓐ」的地方塗黑、塗滿，即：● Ⓑ Ⓒ

1. (A)　　　　　　　(B)　　　　　　　(C)

2. (A)　　　　　　　(B)　　　　　　　(C)

3. (A)　　　　　　　(B)　　　　　　　(C)

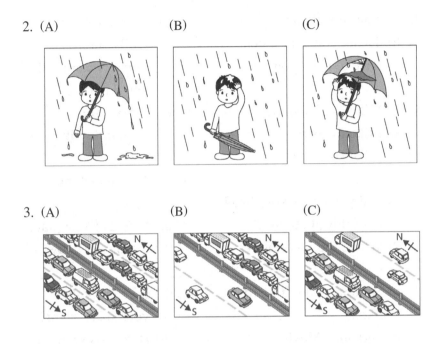

第二部分：基本問答（第 4-10 題，共 7 題）

作答說明： 第 4-10 題每題均有三個選項，請依據所聽到的內容，選出一個最適合的回應，每題播放兩次。

示例題：你會看到

(A) She is talking to the teacher.

(B) She is a student in my class.

(C) She is wearing a beautiful dress.

然後你會聽到……（播音）。依據所播放的內容，正確答案應該選 B，請將答案卡該題「Ⓑ」的地方塗黑、塗滿，即：Ⓐ ● Ⓒ

4. (A) You're welcome.
   (B) Thank you very much.
   (C) Nice to meet you.

5. (A) I like to go fishing.
   (B) I like the park.
   (C) I like fish.

6. (A) Did you check your bag?
   (B) Isn't this photo nice?
   (C) Where did you find it?

7. (A) Seldom. I don't really
       like it.
   (B) Perhaps. Maybe next
       month.
   (C) Great! It's beautiful up
       there.

8. (A) Sorry. I'm not
       really sure.
   (B) Sorry. I can't tell
       you the news.
   (C) Sorry. You
       shouldn't talk there.

9. (A) Nobody's home
       now.
   (B) Sounds like a plan.
   (C) You never know.

10. (A) He's taller than
        your sister, right?
    (B) Have you seen him
        these days?
    (C) You mean the one
        with long hair?

第三部分：言談理解（第 11-21 題，共 11 題）

作答說明：第 11-21 題每題均有三個選項，請依據所聽到的內容，
         選出一個最適合的答案，每題播放兩次。

示例題：你會看到

(A) 9:50.　　(B) 10:00.　　(C) 10:10.

然後你會聽到……（播音）。依據所播放的內容，正確答案應該
選 B，請將答案卡該題「Ⓑ」的地方塗黑、塗滿，即：Ⓐ ● Ⓒ

---

11. (A) $3,000.
　　(B) $3,200.
　　(C) $3,300.

12. (A) A doctor.
　　(B) A reporter.
　　(C) A teacher.

13. (A) At a bookstore.
　　(B) At a clothes shop.
　　(C) At a theater.

14. (A) They are on a trip together.
　　(B) They met for the first time.
　　(C) They went to the same school.

15. (A) Get his daughter out of bed.
　　(B) Make breakfast for his daughter.
　　(C) Stop his daughter playing online games.

16. (A) A restaurant.
　　(B) A theater.
　　(C) A train station.

17. (A) It still looks like a new car.
　　(B) The woman will sell it to the man.
　　(C) There is something wrong with it.

18. (A) 6:30.
　　(B) 7:30.
　　(C) 8:30

19. (A) In a bakery.
　　(B) In a market.
　　(C) In a restaurant.

20. (A) It's helpful.
　　(B) It's simple.
　　(C) It's stupid.

21. (A) He'll walk there.
　　(B) He'll take Bus 108.
　　(C) He'll take Bus 260.

106年國中教育會考英文科試題詳解

閱讀測驗（第 1-41 題，共 41 題）

第一部分：單題（第 1-15 題，共 15 題）

1. (**B**) 看看這張圖片。那隻狗正坐在 _____ 。

    (A) 包包上
    (B) 那女人旁邊
    (C) 包包裡
    (D) 那女人和包包中間

    * ***next to*** 在…旁邊　　inside〔ɪn'saɪd〕*prep.* 在…裡面

2. (**B**) 我的姐姐想要買一輛車，<u>但是她沒有足夠的錢</u>。

    依句意，選 (B) ***but***「但是」。

3. (**C**) 吉姆總是忘記我的生日。他已經問了我很多次，但仍然無法<u>記得</u>。

    (A) answer〔'ænsɚ〕*v.* 回答
    (B) celebrate〔'sɛlə,bret〕*v.* 慶祝
    (C) ***remember***〔rɪ'mɛmbɚ〕*v.* 記得
    (D) understand〔,ʌndɚ'stænd〕*v.* 了解

    * always〔'ɔlwez〕*adv.* 總是　　forget〔fɚ'gɛt〕*v.* 忘記
    birthday〔'bɝθ,de〕*n.* 生日　　time〔taɪm〕*n.* 次數
    still〔stɪl〕*adv.* 仍然

4. (**A**) 那個小女孩在回家途中被卡車<u>撞到</u>，傷得很嚴重。

    (A) ***hit***〔hɪt〕*v.* 撞到【hit 的過去分詞】【三態變化：hit-hit-hit】
    (B) led〔lɛd〕*v.* 領導；率領【lead 的過去分詞】
    (C) lost〔lɔst〕*v.* 失去；遺失【lose 的過去分詞】
    (D) paid〔ped〕*v.* 付錢【pay 的過去分詞】

    * truck〔trʌk〕*n.* 卡車　　***on one's way home*** 在某人回家途中
    badly〔'bædlɪ〕*adv.* 嚴重地　　hurt〔hɝt〕*v.* 傷害；使受傷

5. (**A**) 對不起。我現在真的必須走了。我的孩子正在學校等我。

依句意為「現在進行式」，故選 (A) *are waiting*「正在等」。

* really〔ˈrɪəlɪ〕*adv.* 真地　　kid〔kɪd〕*n.* 小孩

6. (**D**) 艾咪的爸爸病得很重。醫生們都束手無策，所以艾咪就去廟裡為他祈求。

(A) care for　照顧

(B) count〔kaʊnt〕*v.* 數

(C) look for　尋找

(D) *pray*〔pre〕*v.* 祈禱；祈求

* temple〔ˈtɛmpḷ〕*n.* 寺廟

7. (**D**) 我很高興我們學校要學生穿制服。我不需要擔心要穿什麼衣服去上學。

(A) belt〔bɛlt〕*n.* 皮帶

(B) cap〔kæp〕*n.*（無邊的）帽子

(C) gloves〔glʌvz〕*n. pl.* 手套

(D) *uniform*〔ˈjunəˌfɔrm〕*n.* 制服

* glad〔glæd〕*adj.* 高興的

have〔hæv〕*v.* 使（人）做…；讓（人）…

wear〔wɛr〕*v.* 穿；戴　　*worry about* 擔心

clothes〔kloz〕*n. pl.* 衣服

8. (**A**) 我們感到很驚訝，莎莉和瑞決定要結婚。沒有人知道為什麼。

他們常吵架，在一起很不愉快。

依句意，選 (A) *why*「為什麼」。

* surprised〔səˈpraɪzd〕*adj.* 驚訝的

decide〔dɪˈsaɪd〕*v.* 決定　　*get married* 結婚

fight〔faɪt〕*v.* 打架；吵架

unhappy〔ʌnˈhæpɪ〕*adj.* 不愉快的

together〔təˈgɛðɚ〕*adv.* 一起

9. (**D**) 我不認為凱蒂會讀你為她挑選的任何一本書：它們看起來非常無聊。

依句意，選 (D) **they**「它們」。而 (A) it「它」，(B) one「一本」，(C) some「一些」，則不合句意。

* **pick out** 挑選　boring（'borɪŋ）*adj.* 無聊的

10. (**A**) 珍妮的袋子非常重，因為它裝滿了玩具車。

bag（袋子）是單數，代名詞用 **it**，故選 (A)。

* heavy（'hɛvɪ）*adj.* 重的　**be filled with** 裝滿了
toy（tɔɪ）*n.* 玩具　**toy car** 玩具車

11. (**B**) 當你第一次前往某個地方時，要隨身帶張地圖。

祈使句或命令句，應用原形動詞開頭，故選 (B) **Take**。

* map（mæp）*n.* 地圖　**for the first time** 生平第一次

12. (**A**) 在過去這幾天，一直是多雲有雨的天氣。我希望太陽會很快就出來。

表從過去持續到現在，還在進行的動作，用「現在完成式」，選 (A) **has been**。

* weather（'wɛðɚ）*n.* 天氣
rainy（'renɪ）*adj.* 下雨的
cloudy（'klaʊdɪ）*adj.* 多雲的　last（læst）*adj.* 過去的
hope（hop）*v.* 希望　sun（sʌn）*n.* 太陽

13. (**A**) 尼克所找的所有藉口，清楚說明了他有多討厭做那份工作。

All the excuses 是主詞，Nick made 是省略關代 which 的形容詞子句，修飾先行詞 excuses，故空格應填動詞，選 (A) **say**「說；顯示」。

* excuse（ɪk'skjus）*n.* 藉口　**make excuses** 找藉口
hate（het）*v.* 討厭

14. (**B**)　莎濱在公寓裡走路時腳步很<u>輕</u>，以致於有時候你甚至不會知道她
　　　　剛剛經過。你會很想知道，她的腳是否有碰到地板。

　　　　(A) freely〔'frilı〕 *adv.* 自由地

　　　　(B) ***lightly***〔'laıtlı〕 *adv.* 輕輕地

　　　　(C) shyly〔'ʃaılı〕 *adv.* 害羞地

　　　　(D) slowly〔'slolı〕 *adv.* 慢慢地

　　　　* Sabine〔'sebaın〕 *n.* 莎濱　　***so…that*** 如此…以致於
　　　　apartment〔ə'partmənt〕 *n.* 公寓
　　　　sometimes〔'sʌm,taımz〕 *adv.* 有時候
　　　　just〔dʒʌst〕 *adv.* 剛剛
　　　　pass by 經過　　wonder〔'wʌndɚ〕 *v.* 想知道
　　　　if〔ıf〕 *conj.* 是否　　feet〔fit〕 *n. pl.* 腳
　　　　touch〔tʌtʃ〕 *v.* 碰觸　　floor〔flor〕 *n.* 地板

15. (**D**)　以前人們認為，傳送電子郵件和在網路上看新聞，是很<u>新的</u>想法，
　　　　但現在卻是我們日常生活的一部分。

　　　　(A) simple〔'sımpl̩〕 *adj.* 簡單的

　　　　(B) popular〔'papjəlɚ〕 *adj.* 受歡迎的

　　　　(C) good〔gʊd〕 *adj.* 好的

　　　　(D) ***fresh***〔frɛʃ〕 *adj.* 新鮮的；新的

　　　　* ***in the past*** 以前　　idea〔aı'diə〕 *n.* 點子；想法
　　　　send〔sɛnd〕 *v.* 寄；傳送
　　　　e-mail〔'i,mel〕 *n.* 電子郵件
　　　　news〔njuz〕 *n.* 新聞
　　　　online〔'an,laın〕 *adv.* 在線上；在網路上
　　　　part〔part〕 *n.* 部分　　***everyday life*** 日常生活

第二部分：題組（第 16-41 題，共 26 題）

（16~18）

曬書祭要來了！

你有一些不想要的書嗎？

你的舊愛可能是某人的新歡。

帶一本書到城鎮圖書館，並免費拿一本回家！

時間和方式：

3 月 2 日～3 月 14 日　　　帶一本書換取一張曬書節卡片。

3 月 16 日～3 月 31 日　　　帶一張卡片換取你想要讀的書。

什麼樣的書：

所有種類的書都可以，「除了」教科書、漫畫書，和字典。

注意：

①你的書必須狀況良好，不可有缺頁。

②你的書必須是乾淨的，而且上面沒有書寫痕跡。

還有什麼想知道的嗎？請來電 1234-5678。（我們週一休館。）

－ 城鎮圖書館 －

【註釋】

festival（'fɛstəvḷ）n. 節日；慶典

favorite（'fevərɪt）n. 最喜愛的人或物

town（taun）n. 城鎮　　library（'laɪˏbrɛrɪ）n. 圖書館

for free 免費　　March（mɑrtʃ）n. 三月

card（kɑrd）n. 卡片　　kind（kaɪnd）n. 種類

except（ɪk'sɛpt）prep. 除了…之外

school book 教科書（= *textbook*）　　*comic book* 漫畫書

dictionary（'dɪkʃənˏɛrɪ）n. 字典　　notice（'notɪs）v.,n. 注意

shape（ʃep）n. 形狀；狀況

in good shape 完整無損；處於良好狀態
without〔wɪð'aʊt〕*prep.* 沒有　　page〔pedʒ〕*n.* 頁
missing〔'mɪsɪŋ〕*adj.* 不見的；下落不明的
clean〔klin〕*adj.* 乾淨的　　call〔kɔl〕*v.* 打電話
closed〔klozd〕*adj.* 關閉的

16. (**C**) 曬書祭的目的是什麼？
　　(A) 賣二手書。
　　(B) 告訴人們如何選書。
　　(C) 邀請人們彼此交換書。
　　(D) 知道什麼種類的書最受歡迎。
　　* ***What…is for?*** …的目的是什麼？
　　　sell〔sɛl〕*v.* 賣　　second-hand〔'sɛkənd'hænd〕*adj.* 二手的
　　　choose〔tʃuz〕*v.* 選擇　　invite〔ɪn'vaɪt〕*v.* 邀請
　　　change〔tʃendʒ〕*v.* 改變　　***each other*** 彼此
　　　popular〔'pɑpjələ〕*adj.* 受歡迎的

17. (**B**) 桑妮亞正在為曬書祭打包一些書。哪一本最可能是其中之一？
　　(A) 一本老舊的醫學字典。
　　(B) 一本英文的短篇小說集。
　　(C) 有她自己寫的筆記的繪本。
　　(D) 她在數學課用過的作業本。
　　* Sonja〔'sonjə〕*n.* 桑妮亞　　***be busy V-ing*** 忙於…
　　　pack〔pæk〕*v.* 打包　　likely〔'laɪklɪ〕*adv.* 可能
　　　medicine〔'mɛdəsn̩〕*n.* 藥；醫學　　***short story*** 短篇小說
　　　picture book 圖畫書；繪本　　own〔on〕*adj.* 自己的
　　　notes〔nots〕*n. pl.* 筆記
　　　workbook〔'wɜk,bʊk〕*n.* 作業本；練習冊

18. (**C**) 看看月曆。如果尚恩有一張曬書祭的卡片，他何時可以使用？
　　(A) 3 月 3 日。　　　　(B) 3 月 14 日。
　　(C) 3 月 23 日。　　　　(D) 3 月 29 日。
　　* calendar〔'kæləndə〕*n.* 月曆　　Sean〔ʃɔn〕*n.* 尚恩

（19～21）

> 　　我上週六有個恐怖的經驗。
>
> 　　那天，我們全家到一座大湖附近露營。當我爸媽在準備晚餐時，我弟弟和我在湖邊玩。有個骯髒的男子從某處出現，而他的臉有一半被頭髮蓋住。他走向我們，並要了一些水。
>
> 　　當我給他水的時候，他提著的袋子掉了，裡面的東西掉落在草地上。我看到一條繩子、一把刀，和一支棒球棒。最奇怪的是，也有女人的鞋子和戒指，而且我確定那些不是他的。男子很快把所有的東西放回袋子裡，而且生氣地看著我們。在那一刻，一位警方正在尋找的男子的照片浮現我的腦海中。他是那個殺人魔！我非常害怕，無法動彈。
>
> 　　幸好，在他可以更靠近之前，我媽媽從遠處大聲呼喊，而那個男子就匆忙消失於黑暗中。

【註釋】

horrendous〔hɔ'rɛndəs〕*adj.* 恐怖的；可怕的

experience〔ɪk'spɪrɪəns〕*n.* 經驗　*v.* 經歷　　***go camping*** 去露營

lake〔lek〕*n.* 湖　　while〔hwaɪl〕*conj.* 當…的時候

prepare〔prɪ'pɛr〕*v.* 準備；烹飪　　by〔baɪ〕*prep.* 在…旁邊

dirty〔'dɝtɪ〕*adj.* 髒的　　appear〔ə'pɪr〕*v.* 出現

half〔hæf〕*adv.* 一半地；部份地　　cover〔'kʌvɚ〕*v.* 覆蓋

ask for 要求　　bag〔bæg〕*n.* 袋子；包包

carry〔'kærɪ〕*v.* 攜帶；提；背　　drop〔drɑp〕*v.* 掉落

fell〔fɛl〕*v.* 掉落【fall 的過去式】　　grass〔græs〕*n.* 草地

rope〔rop〕*n.* 繩子　　knife〔naɪf〕*n.* 刀子

bat〔bæt〕*n.* 球棒　　shoe〔ʃu〕*n.* 鞋子　　ring〔rɪŋ〕*n.* 戒指

sure〔ʃur〕*adj.* 確定的　　***look at*** 看著

angrily〔'æŋgrɪlɪ〕*adv.* 生氣地　　moment〔'momənt〕*n.* 時刻

picture〔'pɪktʃɚ〕*n.* 照片；圖畫　　***the police*** 警方　　***look for*** 尋找

come to one's mind 出現在某人的腦海中；某人突然想到

crazy〔'krezɪ〕*adj.* 瘋狂的　　killer〔'kɪlɚ〕*n.* 殺手

afraid〔ə'fred〕*adj.* 害怕的　　***not…at all*** 一點也不…

move〔muv〕*v.* 移動　　luckily〔'lʌkɪlɪ〕*adv.* 幸好

shout〔ʃaut〕*v.* 大聲喊叫　　***far away*** 在遠處

hurry〔'hɝɪ〕*v.* 急忙；匆忙　　off〔ɔf〕*adv.* 離開

the dark 黑暗；暗處

19. (**D**) 故事裡發生了什麼事？

　　(A) 有一名殺手被警方逮捕。

　　(B) 作者的家人邀請一位陌生人來吃晚餐。

　　(C) 作者的弟弟跑向他們的父母求救。

　　(D) 一名男子在聽到作者母親的聲音後逃走。

　　* happen〔'hæpən〕*v.* 發生

　　　caught〔kɔt〕*v.* 捕捉【catch 的過去分詞】

　　　stranger〔'strendʒɚ〕*n.* 陌生人

　　　run away 逃走　　voice〔vɔɪs〕*n.* (人的) 聲音

20. (**D**) 關於作者和提著袋子的男子，我們能知道什麼？

　　(A) 男子攻擊作者。

　　(B) 作者跟著男子到暗處。

　　(C) 作者最後沒有發現男子是誰。

　　(D) 男子不想要作者看到他袋子裡面的東西。

　　* learn〔lɝn〕*v.* 得知　　attack〔ə'tæk〕*v.* 攻擊

　　　follow〔'fɑlo〕*v.* 跟隨　　***find out*** 找出；發現

　　　in the end 最後

21. (**C**) 當人們經歷 horrendous 事物時，他們會覺得如何？

　　(A) 生氣的。　　　　(B) 難過的。

　　(C) 害怕的。　　　　(D) 疲倦的。

　　* angry〔'æŋgrɪ〕*adj.* 生氣的　　sad〔sæd〕*adj.* 難過的

　　　scared〔skɛrd〕*adj.* 害怕的　　tired〔taɪrd〕*adj.* 疲倦的

（22～24）

露絲：我拿到了兩張足球賽的門票。雄獅隊對上鯊魚隊，前排座位，下週六。有興趣嗎？你可以帶潔西卡去看球賽。

奈特：妳怎麼拿到票的？！它們在幾個月前就賣完了！

露絲：還有在利茲餐廳的兩人座位。

奈特：利茲？！但是我昨天打去給他們，他們說今年都已經被預約滿了！

露絲：現在都是你的了。你跟潔西卡看完球賽後，可以在那裡享用一頓恢意的晚餐。

奈特：等等。這不像妳。有什麼詭計？

露絲：好吧，你知道我這星期五要出發去倫敦度假，然後⋯

奈特：然後怎樣？

露絲：然後我在想，查理下禮拜是不是可以和你住在一起。

奈特：整個禮拜？！

露絲：拜託！我不能就這樣把牠留在我的公寓裡。

奈特：你知道我討厭那隻笨狗！而且他也討厭我。

露絲：拜託！你是我最後的希望了。

奈特：我需要好好思考一下這件事。

露絲：好，但別拖太久。

【註釋】

ticket〔'tɪkɪt〕*n.* 門票；入場券　　football〔'fut,bɔl〕*n.* 足球
game〔gem〕*n.* 比賽　　vs.〔'vɝsəs〕*prep.* ⋯對⋯（ = *versus* ）
front〔frʌnt〕*adj.* 前面的　　row〔ro〕*n.* 排
front-row *adj.* 前排的　　seat〔sit〕*n.* 座位
interested〔'ɪntrɪstɪd〕*adj.* 有興趣的　　***sold out*** 完售；賣完的
book〔buk〕*v.* 預訂　　lovely〔'lʌvlɪ〕*adj.* 愉快的；恢意的
wait a second 等一下　　catch〔kætʃ〕*n.* 陷阱；圈套；詭計
vacation〔ve'keʃən〕*n.* 假期

leave for one's vacation 去渡假　　London〔'lʌndən〕*n.* 倫敦

stay〔ste〕*v.* 停留；暫住　　　whole〔hol〕*adj.* 整個的

apartment〔ə'pɑrtmənt〕*n.* 公寓

stupid〔'stupɪd〕*adj.* 愚蠢的　　last〔læst〕*adj.* 最後的

hope〔hop〕*n.* 希望　　*think about* 考慮

22.（**C**）在這段對話中，the catch 是什麼意思？

　　(A) 一個開頭很好但是結局很糟的計劃。

　　(B) 一個大家都知道卻從不談論的事實。

　　(C) <u>一個隱藏在某件好事背後的問題。</u>

　　(D) 一個在某方面是對的，但在另一方面是錯的的行為。

　　* dialogue〔'daɪəˌlɔg〕*n.* 對話　　plan〔plæn〕*n.* 計劃

　　　end〔ɛnd〕*v.* 結束　　fact〔fækt〕*n.* 事實

　　　talk about 談論　　problem〔'prɑbləm〕*n.* 問題

　　　hide〔haɪd〕*v.* 隱藏　　action〔'ækʃən〕*n.* 行為

　　　in one way 一方面　　*in another* (*way*) 另一方面

23.（**A**）在對話中，<u>it</u> 指的是什麼？

　　(A) <u>照顧查理。</u>　　　　(B) 和潔西卡共進晚餐。

　　(C) 去看足球賽。　　　　(D) 去倫敦度假。

　　* *take care of* 照顧

24.（**D**）我們可以從對話中得知什麼？

　　(A) 露絲下星期六會去倫敦。

　　(B) 露絲很難在倫敦訂到飯店房間。

　　(C) 奈特是露絲第一個想到要尋求幫忙的人。

　　(D) <u>奈特很驚訝露絲可以在利茲訂到桌位。</u>

　　* *has trouble + V-ing* 很難…

　　　hotel〔ho'tɛl〕*n.* 飯店；旅館　　*think of* 想到

　　　be able to V. 能夠…

（25～26）

當你需要看醫生，你當然會想要看一位好醫生。但是有一件重要的事情，你可能從來沒有想過：你的醫生有獲得足夠的休息嗎？

在我們國家，醫生往往需要不眠不休地工作 34 小時，或是更長的時間。他們大部分一週都工作 104 小時，有些甚至 150 小時。（一週只有 168 小時！）有份報告指出，一位工時這麼長的醫生，無法比一名酒醉駕駛人思考得更清楚。另一項報告發現，比前一週少睡 5.8 小時的醫生，犯嚴重錯誤的機率，可能會多出 22%。當然沒有人想要搭上一部酒醉駕駛人開的車。所以，你覺得自己在一名疲累的醫生的照顧下，會有多安全？

遺憾的是，這個問題已經存在很長一段時間了。目前還沒有相關的法律條文，而且醫院的老闆們看起來也不是很在意。這就是為什麼我們這些醫生想要邀請你，在這個週日，和我們一起走上街頭。和我們一起在街上奮鬥，如此以來，我們在醫院裡，也才能更有力量為你的性命奮鬥。

🚑 時間：5 月 2 日下午 1 點　　🚑 地點：市立醫院廣場

【註釋】

see a doctor 看醫生　　surely（ˋʃʊrlɪ）*adv.* 當然
important（ɪmˋpɔrtn̩t）*adj.* 重要的　　rest（rɛst）*v.* 休息
enough（əˋnʌf）*adv.* 足夠地　　country（ˋkʌntrɪ）*n.* 國家
often（ˋɔfən）*adv.* 常常　　*without sleep* 不眠不休
report（rɪˋport）*n.* 報告　　*long hours* 長時間
clearly（ˋklɪrlɪ）*adv.* 清楚地　　drunk（drʌŋk）*adj.* 喝醉的
driver（ˋdraɪvɚ）*n.* 駕駛人　　*make a mistake* 犯錯
serious（ˋsɪrɪəs）*adj.* 嚴重的　　safe（sef）*adj.* 安全的
care（kɛr）*n.* 照顧　　*under the care of* 在…的照顧下
tired（taɪrd）*adj.* 疲倦的

sadly〔'sædlɪ〕*adv.* 可悲地；遺憾的是
around〔ə'raʊnd〕*adj.* 存在的   law〔lɔ〕*n.* 法律
not…yet 尚未；還沒   hospital〔'hɑspɪtl̩〕*n.* 醫院
boss〔bɔs〕*n.* 老闆   *look like* 看起來像
care〔kɛr〕*v.* 在乎   either〔'iðɚ〕*adv.* 也（不）
join〔dʒɔɪn〕*v.* 加入；參與   fight〔faɪt〕*v.* 奮鬥
together〔tə'gɛðɚ〕*adv.* 一起   city〔'sɪtɪ〕*adj.* 城市的
square〔skwɛr〕*n.* 廣場

25.（**B**）本文的目的爲何？

(A) 告訴人們關於去醫院探病的規定。

(B) 讓人們站出來爲醫生發聲。

(C) 告訴人們如何爲自己找到好醫生。

(D) 讓醫生分享他們拯救生命的經驗。

* rule〔rul〕*n.* 規定

visit〔'vɪsɪt〕*n.* 拜訪   *stand up* 站出來

speak for 代表…（說話）；替…辯護

share〔ʃɛr〕*v.* 分享   save〔sev〕*v.* 拯救

26.（**A**）在本文中，this problem 的意思是什麼？

(A) 醫生的工時過長。

(B) 醫生和護士之間的問題。

(C) 醫生一天看診的人數不夠多。

(D) 醫生沒有獲得足夠的報酬。

* nurse〔nɝs〕*n.* 護士

pay〔pe〕*v.* 支付（薪水）

（27～28）

你曾經看過一個南瓜看起來像個鼻子，或是一顆蘋果看起來像一張滑稽的臉嗎？它們可能看起來不怎麼樣，但是它們吃起來，就像那些長得好看的一樣好吃。這些看起來怪怪的水果和蔬菜，被稱為「次等貨」。農夫所種的作物，大約有 20-40% 不好看。遺憾的是，這些「次等貨」很少會到你的餐桌，卻常常直接被丟入垃圾桶。為什麼？這是因為超市不想向農夫買它們——他們認為顧客只喜愛好看的東西。因為這些「次等貨」，有些農夫會損失很多錢。

搖搖超市希望改變這個情況。我們正幫忙販售這些「次等貨」。農夫可以從垃圾桶救出它們，而且你可以用比較低的價格購買它們。

Wonky Markt

1. 一箱新台幣 250 元。
2. 你一箱可以選多達六種水果和蔬菜。
3. 手續費：一箱新台幣 50 元。
4. 如果訂單超過一千元，不用手續費。

寄用「次等貨」所煮的美味餐點的照片到 oneandonly@wonkymarkt.com 給我們，你就可以獲得我們的食譜。

【註釋】

pumpkin〔'pʌmpkɪn〕*n.* 南瓜　　***look like*** 看起來像
funny〔'fʌnɪ〕*adj.* 滑稽的　　great〔gret〕*adj.* 很棒的
taste〔test〕*v.* 嚐起來　　pretty〔'prɪtɪ〕*adj.* 漂亮的
strange〔strendʒ〕*adj.* 奇怪的
strange-looking *adj.* 看起來奇怪的
fruit〔frut〕*n.* 水果　　vegetable〔'vɛdʒtəbḷ〕*n.* 蔬菜
be called 被稱為　　second〔'sɛkənd〕*n.* 次等
farmer〔'fɑrmɚ〕*n.* 農夫　　grow〔gro〕*v.* 種植

seldom〔'sɛldəm〕*adv.* 很少   arrive〔ə'raɪv〕*v.* 到達

straight〔stret〕*adv.* 直接地   trash〔træʃ〕*n.* 垃圾

can〔kæn〕*n.* 罐子   ***trash can*** 垃圾筒

supermarket〔'supɚ͵mɑrkɪt〕*n.* 超市

believe〔bə'liv〕*v.* 相信；認為

shopper〔'ʃɑpɚ〕*n.* 購物者；購物的顧客   lose〔luz〕*v.* 損失

wonky〔'wɑŋkɪ〕*adj.* 搖晃的   wish〔wɪʃ〕*v.* 希望

change〔tʃendʒ〕*v.* 改變   help〔hɛlp〕*v.* 幫忙

sell〔sɛl〕*v.* 販售   get〔gɛt〕*v.* 購買   low〔lo〕*adj.* 低的

price〔praɪs〕*n.* 價格   ***as many as*** 多達

service〔'sɝvɪs〕*n.* 服務   charge〔tʃɑrdʒ〕*n.* 費用

service charge 手續費   order〔'ɔrdɚ〕*n.* 訂單；訂購

send〔sɛnd〕*v.* 寄   photo〔'foto〕*n.* 照片

delicious〔dɪ'lɪʃəs〕*adj.* 美味的   dish〔dɪʃ〕*n.* 菜餚

win〔wɪn〕*v.* 贏得   cookbook〔'kʊk͵bʊk〕*n.* 食譜

27. (**C**) 搖搖超市關心什麼？

    (A) 超市常常用較低的價格販賣「次等貨」。

    (B) 農夫不知道如何種少一點「次等貨」。

    (C) 「次等貨」會因為它們的賣相而被丟掉。

    (D) 人們對於挑選新鮮的「次等貨」知道的不多。

    * ***care about*** 關心   few〔fju〕*adj.* 很少的

    throw〔θro〕*v.* 丟；投擲   ***throw away*** 丟掉

    pick〔pɪk〕*v.* 挑選   fresh〔frɛʃ〕*adj.* 新鮮的

28. (**B**) 向搖搖超市買「次等貨」，我們知道些什麼？

    (A) 如果你是第二次購買，可以省下 20-40%的錢。

    (B) 如果你買三箱，你必須付 900 元。

    (C) 你不只可以挑選大小，還可以挑選形狀。

    (D) 要獲得食譜，你至少需要買六箱。

    * save〔sev〕*v.* 節省   pay〔pe〕*v.* 支付

    not only···but also 不僅···而且   size〔saɪz〕*n.* 尺寸；大小

    shape〔ʃep〕*n.* 形狀   ***at least*** 至少

（29～30）

以下是關於大興定期公車路線更改的消息。

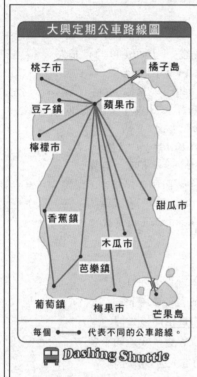

1. 有好消息要通知往返**蘋果市**和**桃子市**的人！從七月一日起，我們每天會多三班公車開往**桃子市**。

2. 從**蘋果市**前往**檸檬市**或是**莓果市**，會花比較少的時間。從七月一日起，從**蘋果市**到這兩個城市，你可以不用再換車。

3. 大興定期公車是國內首家開辦**蘋果市**和**橘子島**之間的公車路線的公司。自七月一日起，我們的公車會每天帶你去**橘子島**！

4. 我們在**蘋果市**和**葡萄鎮**之間的公車路線會在六月三十日停止營運。自七月一日起，在**芭樂鎮**或**香蕉鎮**換車，會是最佳的搭乘方式。

5. 自七月一日起，我們的公車從**蘋果市**到**芒果島**一天三班。你不再需要在**甜瓜市**換車。

【註釋】

below〔bɪ'lo〕adv. 在下方；在下文　　shuttle〔'ʃʌtl̩〕n. 定期往返的公車
line〔laɪn〕n. 路線　　change〔tʃendʒ〕n. 變更
travel〔'trævl̩〕v. 旅行；行進　　peach〔pitʃ〕n. 桃子
trip〔trɪp〕n. 一趟　　berry〔'bɛrɪ〕n. 莓果　　less〔lɛs〕adj. 較少的
open〔'opən〕v. 開始；開設；開辦　　island〔'aɪlənd〕n. 島
grape〔grep〕n. 葡萄　　run〔rʌn〕v. 經營；營運；行駛
mango〔'mæŋgo〕n. 芒果　　melon〔'mɛlən〕n. 甜瓜
not…anymore 不再…　　mean〔min〕v. 意思是
different〔'dɪfrənt〕adj. 不同的

29. (**A**) 我們可以從本文得知什麼？

　　(A) 在公車路線更改之前，沒有從蘋果市開往橘子島的公車。

　　(B) 在七月一日前，想要去芒果島的人必須在莓果市搭公車。

　　(C) 在公車路線更改後，從蘋果市到葡萄鎮會花較少的時間。

　　(D) 在七月一日前，大興定期公車沒有從蘋果市到桃子市的車。

30. (**D**) 何者最有可能是七月一日之前大興定期公車的路線圖？

(A) 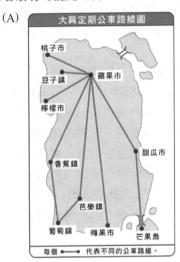　(B)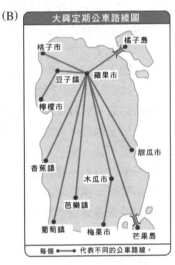

(C) 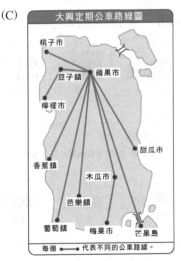　(D)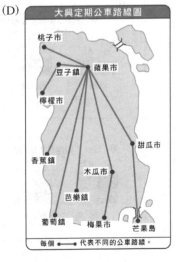

（31～33）

電影時報
2005 年 6 月 5 日

　　由於全球化，我們可以看到來自世界各地的電影。如果有人會
對全球化感到興奮，那就是美國的電影製作人。2001 年的一項研究
顯示，在每 100 個去電影院的人當中，有 85 個是看美國電影。這對
美國電影製作人來說，可能是個好消息，但對其他國家的電影製作
人來說就不是了。

　　圖 1 顯示在 1984 年和 2001 年的美國電影，在五個國家所佔的
百分比（％）；圖 2 顯示在 1984 年和 2001 年，在五個國家的國內電
影所佔的百分比（％）。在圖 1，我們可以看到美國電影在國外市場
一直很受歡迎。在圖 2，我們可以看到，五國的國內電影在國內市
場表現不佳。衰退的電影市場對國內電影而言，可能是個嚴重的問
題，但還有更重要的事。當人們熱情歡迎美國電影時，他們事實上
也是贊同美國的思維方式。這些國家的某些人擔心，他們所失去的，
可能不僅僅是國內電影的國內市場，還有他們父母傳承給子女的思
維方式。

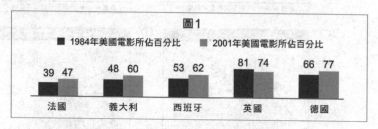

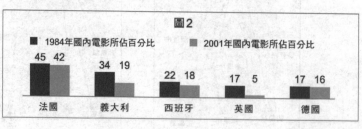

【註釋】

cinema〔'sɪnəmə〕*n.* 電影　　times〔taɪmz〕*n. pl.* 時代

June〔dʒun〕*n.* 六月　　***thanks to*** 因為；由於（= *because of*）

globalization〔,globəlaɪ'zeʃən〕*n.* 全球化

get to 得以　　***from around the world*** 來自全世界的

excited〔ɪk'saɪtɪd〕*adj.* 興奮的　　US *adj.* 美國的（= *United States*）

maker〔'mekə〕*n.* 製作者　　study〔'stʌdɪ〕*n.* 研究

show〔ʃo〕*v.* 顯示　　theater〔'θɪətə〕*n.* 電影院；劇院

news〔njuz〕*n.* 新聞；消息　　percentage〔pə'sɛntɪdʒ〕*n.* 百分比

country〔'kʌntrɪ〕*n.* 國家　　domestic〔də'mɛstɪk〕*adj.* 國內的

chart〔tʃɑrt〕*n.* 圖表　　popular〔'pɑpjələ〕*adj.* 受歡迎的

foreign〔'fɔrɪn〕*adj.* 外國的　　market〔'mɑrkɪt〕*n.* 市場

do well 表現好；成功　　falling〔'fɔlɪŋ〕*adj.* 落下的；下降的

serious〔'sɪrɪəs〕*adj.* 嚴重的　　problem〔'prɑbləm〕*n.* 問題

important〔ɪm'pɔrtnt〕*adj.* 重要的

welcome〔'wɛlkəm〕*v.* 歡迎　　open〔'opən〕*adj.* 敞開的

arm〔ɑrm〕*n.* 手臂　　***with open arms*** 熱烈地；熱情地

in fact 事實上　　***say yes to*** 贊成；同意

American〔ə'mɛrɪkən〕*adj.* 美國的

way〔we〕*n.* 方式　　thinking〔'θɪŋkɪŋ〕*n.* 思考

worry〔'wɜɪ〕*v.* 擔心　　***pass down*** 傳下來

31. (**B**) 關於全球化對電影界的影響，該報告說了什麼？

　　　(A) 它改變電影的製作方式。

　　　(B) 它改變了一個國家的國內電影市場。

　　　(C) 它聯合了來自世界各地的電影製作人。

　　　(D) 它幫助美國電影在海外比在美國賺更多的錢。

　　　* report〔rɪ'port〕*n.* 報告

　　　influence〔'ɪnfluəns〕*n.* 影響

　　　bring together 使…聚在一起；使…聯合起來

　　　make money 賺錢　　abroad〔ə'brɔd〕*adv.* 在國外

32.(**D**) 我們從報告中可以知道什麼？

 　(A) 美國的思維方式被帶到其他國家時可能會改變。

 　(B) 越來越多的人要求他們的國家幫助他們的國內電影業。

 　(C) 美國電影在國外市場受歡迎，因爲許多國家說英文。

 　(D) 美國電影受歡迎的事實，可能意味美國的思維方式很受歡迎。

 　* change〔tʃendʒ〕v. 改變　　***more and more*** 越來越多的
 　　 mean〔min〕v. 意味著；意思是

33.(**B**) 根據圖表，何者爲眞？

 　(A) 美國電影所佔的百分比在西班牙的改變最少。

 　(B) 在這五個國家中，國內電影所佔的百分比下降了。

 　(C) 在五個國家中，英國國內電影所佔的百分比下降幅度最小。

 　(D) 當國內電影所佔的百分比下降時，美國電影的百分比上升了。

 　* least〔list〕*adj.* 最小的；最少的　　fall〔fɔl〕v. 下降；減少
 　　 drop〔drɑp〕v. 下降　　rise〔raɪz〕v. 上升

（ 34～37 ）

這幾個月以來，傑瑞‧史蒂文生一直很不開心。他以前是一家
　　　　　　　　　　　　　　　　　　　　　　　　　　　34
成功的刨冰店的驕傲商人。他最高的銷售數字是一星期 1,899 盤；
人們稱他爲「冰王」。但當對街的餅乾店開始賣冰淇淋餅乾時，這一
切都改變了。它奪走了他一半的生意。

　　當他已經去世的姐姐的獨生子丹，來爲他工作時，情況並沒有
好轉。
　　　35

　　丹是一個頭腦簡單，很好的年輕人，也許太簡單了。他總是讓
人們免費試吃一些刨冰，但他從來沒有學會，要知道何時「一些」
會變得「太多」。有很多人來，但很少人買。當銷量沒有隨著天氣的
熱度而增加時，傑瑞開始擔心。他想送丹回家。但他怎麼可以這
樣做？除了他以外，丹沒有別的家人。

後來，有一天，<u>好消息來了</u>。這好消息是從對街傳來的。餅乾
　　　　　　36
店<u>正在尋找</u>一個店員。對於傑瑞來說，這是個很好的機會，能讓丹
　　37
離開他的商店，而不把他送回家。在把餅乾店主人帶去吃幾頓不錯
的晚餐後，傑瑞幫丹得到了工作。

現在傑瑞終於可以試著拯救
他的店。而且丹也可以給他幾個
因為吃太多餅乾而口渴的客人，
來幫忙他刨冰店的生意。

【註釋】

month〔mʌnθ〕*n.* 月　　　proud〔praʊd〕*adj.* 驕傲的；感到光榮的
businessman〔'bɪznɪsmən〕*n.* 商人
successful〔sək'sɛsfəl〕*adj.* 成功的　　shave〔ʃev〕*v.* 刨；刨掉
shaved ice shop 刨冰店　　sales〔selz〕*adj.* 銷售的
number〔'nʌmbɚ〕*n.* 數字　　plate〔plet〕*n.* 盤子；碟子
cookie〔'kʊkɪ〕*n.* 餅乾　　***across the street*** 在對街
ice cream 冰淇淋　　***take away*** 拿走；帶走
business〔'bɪznɪs〕*n.* 生意　　***only son*** 獨生子
simple〔'sɪmpḷ〕*adj.* 簡單的　　try〔traɪ〕*v.* 試吃
for free 免費地　　grow〔gro〕*v.* 成長　　heat〔hit〕*n.* 暑熱；高溫
except〔ɪk'sɛpt〕*prep.* 除了…之外　　clerk〔klɝk〕*n.* 店員
chance〔tʃæns〕*n.* 機會　　shopkeeper〔'ʃɑpˌkipɚ〕*n.* 商店老闆
several〔'sɛvərəl〕*adj.* 幾個的　　***get sb. sth.*** 為某人取得某物
save〔sev〕*v.* 拯救　　***a few*** 一些　　thirsty〔'θɝstɪ〕*adj.* 渴的

34. (**C**) 他「以前是」一家成功的刨冰店的驕傲商人，選 (C) ***used to be***。
　　used to V. 以前…　　【比較】***be used to + V-ing*** 習慣於…

35. (**A**)　(A) 情況並沒有好轉　　　　　(B) 他準備要放棄了
　　　　　　(C) 刨冰的銷售量最後開始上升　(D) 餅乾店並非長期都很成功
　　　　　　* things〔θɪŋz〕*n. pl.* 情況　　***be ready to V.*** 準備好要…
　　　　　　give up 放棄　　***for long*** 長久地

36.(**B**) (A) 他唯一的希望破滅了 　　　(B) <u>好消息來了</u>

　　　　　(C) 最糟的麻煩來了 　　　　(D) 辛苦的時期過去了

　　　　　* die〔daɪ〕*v.* 死亡；消失　　hard〔hɑrd〕*adj.* 困難的；辛苦的

　　　　　pass〔pæs〕*v.* 過去

37.(**C**) 依句意與文法，要用「過去進行式」，故選 (C) *was looking for*

　　　　　「正在尋找」。　　　*look for* 尋找

（38～41）

　　英國人羅伯・史考特，因為兩次帶隊前往南極洲而聞名。第一次使他成名；第二次卻<u>使他失去生命</u>。
　　　　　　　　　　　　　　　38

　　在第一次探險之旅成功後，史考特決定，要成為第一位站在南極的人。然而，<u>他不是唯一一個有這種夢想的人</u>。他要跟來自挪威的阿孟森競賽。他們兩人都在
　　　39

1910 年 6 月，乘船離開了他們的國家，並於 1911 年 1 月到達南極洲。

　　大約十個月後，這兩支探險隊開始他們南下前往南極的行程。<u>而他們行進的方式決定了哪一隊會贏</u>。阿孟森那一隊用狗，而史考
　　　　　　　　　　　　　40

特那一隊則是用馬。因為馬不擅長在雪地中行走，所以史考特那一隊花了 77 天才到達南極。他們在 1912 年 1 月 17 日到達那裡，很驚訝地發現，阿孟森比他們先到。這消息讓史考特大受打擊，但他不知道的是，<u>最糟的情況還沒出現</u>。他們這一隊傷心地踏上了回家的
　　　　　　　　　　　　41

漫長旅程。在經歷好幾天惡劣天氣與糧食不足的情況後，史考特一個接一個地失去了他的隊員，他自己是最後一個喪生的。他們那一隊沒有一位活著回到家說他們的故事。只能透過史考特的日記，得知當時的情況。

【註釋】

Englishman〔'ɪŋglɪʃmən〕*n.* 英國人

Robert Scott〔'rabət'skat〕*n.* 羅伯・史考特【1868-1912；英國海軍軍人，南極探險家，1912 年抵達南極】

be known for 以…（特點）而有名

lead〔lid〕*v.* 領導；率領　　trip〔trɪp〕*n.* 旅程

Antartica〔ænt'arktɪkə〕*n.* 南極洲

make〔mek〕*v.* 使成為　　star〔star〕*n.* 明星；紅人

pole〔pol〕*n.*（南、北）極　　***the South Pole*** 南極

however〔hau'ɛvə〕*adv.* 然而　　race〔res〕*n.* 競賽

Roald Amundsen〔'roal'amənsn̩〕*n.* 阿孟森【1872-1928；挪威探險家，1911 年最先到達南極】

Norway〔'nɔrwe〕*n.* 挪威

leave〔liv〕*v.* 離開　　***by ship*** 搭船

later〔'letə〕*adv.* …之後　　team〔tim〕*n.* 隊伍

down〔daun〕*adv.*（由北）向南；南下

be good at 擅長　　travel〔'trævl̩〕*v.* 行進；前進

ahead of 在…之前；領先　　news〔njuz〕*n.* 消息

hit〔hɪt〕*v.* 給予…精神上的打擊；傷害（某人）感情

hard〔hard〕*adv.* 激烈地；猛烈地

hit sb. hard 深深地刺傷了某人

broken heart 傷心；心碎；絕望

terrible〔'tɛrəbl̩〕*adj.* 很糟的

little〔'lɪtl̩〕*adj.* 很少的　　***his men*** 他的部屬；他的手下

one after another 一個接一個　　end〔ɛnd〕*n.* 結束；終結

meet the end of *one's life* 死亡（= *meet one's end*）

learn〔lɝn〕*v.* 得知　　through〔θru〕*prep.* 透過；經由

diary〔'daɪərɪ〕*n.* 日記

38. (**C**) (A) 傷害他的健康
　　　　(B) 使他醒悟
　　　　(C) <u>使他失去生命</u>
　　　　(D) 使他的夢想成眞

　　　　* **open** *one's* **eyes** 使某人認清（事實）；使某人醒悟
　　　　　cost〔kɔst〕*v.* 使喪失
　　　　　come true （願望）實現；（夢想）成眞

39. (**B**) (A) 他不想要跟別人一起去這趟旅程
　　　　(B) <u>他不是唯一一個有這種夢想的人</u>
　　　　(C) 他不會讓任何人奪走他的獎
　　　　(D) 他不會錯過讓他的國家光榮的機會

　　　　* prize〔praɪz〕*n.* 獎；獎品；獎金
　　　　　miss〔mɪs〕*v.* 錯過
　　　　　proud〔praud〕*adj.* 感到光榮的

40. (**D**) (A) 而史考特用了一種很受歡迎的方法，使他的隊員能快速前進
　　　　(B) 但在他們開始旅程之前，有一些問題要處理
　　　　(C) 但阿孟森對動物的了解比不上史考特
　　　　(D) <u>而他們行進的方式決定了哪一隊會贏</u>

　　　　* **deal with** 應付；處理　　win〔wɪn〕*v.* 贏

41. (**C**) (A) 仍然還有希望
　　　　(B) 再也沒有人會相信他
　　　　(C) <u>最糟的情況還沒出現</u>
　　　　(D) 阿孟森一直都不誠實

　　　　* ever〔ˈɛvɚ〕*adv.* （不）曾；絕（不）
　　　　　not…yet 尚未；還沒　　come〔kʌm〕*v.* 來；出現
　　　　　honest〔ˈɑnɪst〕*adj.* 誠實的

聽力測驗（第 1-21 題，共 21 題）

第一部分：辨識句意（第 1-3 題，共 3 題）

1. (**A**) (A)　(B)　(C)

One of the students is mopping the floor and the others
are talking. 其中一位學生在拖地，其他的在談話。

*mop〔mɑp〕*v.* 拖（地）　　floor〔flor〕*n.* 地板
the others 其餘的人或物

2. (**C**) (A)　(B)　(C)

The boy's holding a broken umbrella and the rain keeps
falling through a hole onto his head.
男孩拿著一支壞掉的雨傘，而雨不斷穿過一個洞滴在他頭上。

*hold〔hold〕*v.* 握著；拿著
　broken〔'brokən〕*adj.* 損壞的
　umbrella〔ʌm'brɛlə〕*n.* 雨傘　　rain〔ren〕*n.* 雨
　keep + V-ing 持續…　　fall〔fɔl〕*v.* 掉落
　through〔θru〕*prep.* 穿過　　hole〔hol〕*n.* 洞
　onto〔'ɑntə〕*prep.* 到…的上面

3. (**B**)　(A)　　　　　　(B)　　　　　　(C)

There are a lot of cars going up north, but there are few cars going down south.

有很多車北上，但很少車南下。

* **There + be** 有～　　**a lot of** 很多的

　　north〔nɔrθ〕*adv.* 向北　　**go up north** 北上

　　few〔fju〕*adj.* 很少的　　south〔sauθ〕*adv.* 向南

　　go down south 南下

第二部分：基本問答（第 4-10 題，共 7 題）

4. (**B**)　Happy Birthday, Rachel! Here's a CD of your favorite singer. 生日快樂，瑞秋！這是妳最喜愛的歌手的 CD。

　　(A) You're welcome. 不客氣。

　　(B) Thank you very much. 非常感謝你。

　　(C) Nice to meet you. 很高興認識你。

　　* Rachel〔'retʃəl〕*n.* 瑞秋　　*CD* 光碟（= *compact disc*）

　　favorite〔'fevərɪt〕*adj.* 最喜愛的　　singer〔'sɪŋɚ〕*n.* 歌手

5. (**C**)　Which do you like, pork or fish?

　　你喜歡哪一個，豬肉還是魚肉？

　　(A) I like to go fishing. 我喜歡去釣魚。

　　(B) I like the park. 我喜歡公園。

　　(C) I like fish. 我喜歡魚肉。

　　* pork〔pork〕*n.* 豬肉　　fish〔fɪʃ〕*n.* 魚；魚肉　*v.* 釣魚

　　park〔park〕*n.* 公園

6. (**A**) Oh, no! I can't find my camera.

喔，不！我找不到我的相機。

(A) Did you check your bag? 你有查看你的包包嗎？

(B) Isn't this photo nice? 這張照片不好嗎？

(C) Where did you find it? 你在哪裡找到的？

* oh〔o〕*interj.*（表示驚訝、痛苦等）喔；唉呀

camera〔'kæmərə〕*n.* 相機

check〔tʃɛk〕*v.* 檢查　　bag〔bæg〕*n.* 包包

photo〔'foto〕*n.* 照片

7. (**A**) How often do you go mountain climbing?

你多常去爬山？

(A) Seldom. I don't really like it. 很少。我不是很喜歡。

(B) Perhaps. Maybe next month. 或許。可能下個月。

(C) Great! It's beautiful up there.

太棒了！上面那裡很美。

* ***how often*** 多常；多久一次

go mountain climbing 去爬山

seldom〔'sɛldəm〕*adv.* 很少

perhaps〔pɚ'hæps〕*adv.* 或許

maybe〔'mebi〕*adv.* 可能；大概

8. (**A**) Excuse me. Can you tell me where the library is?

對不起。你可以告訴我圖書館在哪裡嗎？

(A) Sorry. I'm not really sure. 抱歉。我不是很確定。

(B) Sorry. I can't tell you the news.

抱歉。我不能告訴你那消息。

(C) Sorry. You shouldn't talk there.

抱歉。你不該在那裡說話。

* library〔'laɪˌbrɛrɪ〕*n.* 圖書館　　sure〔ʃur〕*adj.* 確定的

9. (**B**) The weather is so nice today. Let's go for a swim this afternoon.

今天天氣很好。我們下午去游泳吧。

(A) Nobody's home now. 現在沒人在家。

(B) Sounds like a plan. 聽起來不錯。

(C) You never know. 很難說。

* weather〔'wɛðɚ〕*n.* 天氣
  go for a swim 去游泳（＝ *go swimming* ）
  sound〔saʊnd〕*v.* 聽起來　　plan〔plæn〕*n.* 計畫
  Sounds like a plan. 聽起來不錯。（＝ *Sounds good.* ）
  You never know. 很難說。

10. (**C**) Who's the boy talking to your sister?

跟你妹妹講話的那個男孩是誰？

(A) He's taller than your sister, right? 他比你妹妹高，是嗎？

(B) Have you seen him these days? 你最近有看到他嗎？

(C) You mean the one with long hair?

你是說長頭髮的那個嗎？

* right〔raɪt〕*adj.* 對的；沒錯的　　***these days*** 最近
  mean〔min〕*v.* 意思是；意指

第三部分：言談理解（第 11-21 題，共 11 題）

11. (**B**) W：How much is this sweater?

女：這件毛衣多少錢？

M：It's three thousand five hundred dollars.

男：三千五百元。

W：What?! That's too much.

女：什麼？！那太貴了。

M：Well, it's hand-made and you seldom see this kind of sweater. This is the last one we have.

男：嗯，這是手工的，而且你很少看到這種毛衣。這是我們的
　　最後一件。

W：I'll give you three thousand.

女：我給你三千。

M：[Laughs] Not possible.　Three thousand, three
　　hundred.　Can't be lower.

男：（笑）不可能。三千三百元。不能更低了。

W：Three thousand, two hundred?

女：三千兩百元？

M：Alright then.

男：那好吧。

W：OK, I'll take it.

女：好的，我買了。

Question：How much is the woman paying for the
　　　　　sweater?　女士支付多少錢買毛衣？

(A) $3,000.　三千元。

(B) $3,200.　<u>三千兩百元。</u>

(C) $3,300.　三千三百元。

＊ sweater〔'swɛtɚ〕*n.* 毛衣　　well〔wɛl〕*interj.* 嗯
　hand-made〔'hænd,med〕*adj.* 手工的
　kind〔kaɪnd〕*n.* 種類　　laugh〔læf〕*n.* 笑聲
　lower〔'loɚ〕*adj.* 更低的
　alright〔ɔl'raɪt〕*adv.* 好的；沒問題
　pay〔pe〕*v.* 支付

12. (**A**)　W：Hello, what can I do for you today?

女：哈囉，我今天可以為你做什麼？

M：I fell down the stairs at school this morning and hurt
　　my left foot.

男：我今天早上在學校從樓梯跌落，弄傷了左腳。

W : Hmm.　Let's have a look.　Does this hurt?

女：嗯。我看一下。這樣會痛嗎？

M : Ouch!　Yeah, it surely does.

男：哎喲！是的，真的會痛。

W : OK, put some ice on your foot for 10 to 15 minutes, several times a day.　And try to rest as much as possible.　You need to keep the foot up.　Come back in two days so I can check it again.

女：好的，冰敷你的腳 10 到 15 分鐘，一天幾次。並試著盡量休息。你需要把腳抬高。兩天後回來，我再檢查一次。

Question : What is the woman?　女士是做什麼的？

(A) A doctor. <u>醫生。</u>

(B) A reporter. 記者。

(C) A teacher. 老師。

* fell〔fɛl〕*v.* 跌落【fall 的過去式】　　stairs〔stɛrz〕*n. pl.* 樓梯
hurt〔hɜt〕*v.* 使受傷；痛　　hmm〔m〕*interj.* 嗯
have a look 看一看　　ouch〔autʃ〕*interj.* 哎喲
yeah〔jɛ〕*adv.* 是的（= *yes*）　　surely〔'ʃurlı〕*adv.* 的確
ice〔aıs〕*n.* 冰　　several〔'sɛvərəl〕*adv.* 幾個的
time〔taım〕*n.* 次　　rest〔rɛst〕*v.* 休息
as ~ as possible 盡可能~　　check〔tʃɛk〕*v.* 檢查
reporter〔rı'portɚ〕*n.* 記者

13. (**B**) W : Hey, let's have a look inside.

女：嘿，我們去裡面看看。

M : Lil's Pieces?　Oh, isn't this Lily Webber's shop?　My favorite movie star.　She's also a great writer.　I've read two of her books.

男：里爾的衣物？喔，這不是莉莉・韋伯的店嗎？我最喜愛的電影明星。她也是個很棒的作家。我讀過她兩本書。

W：Yep, that's her. I'm also a big fan of hers. Oh! Look at these skirts and shirts.

女：是的，是她。我也是她的超級粉絲。喔！看看這些裙子和襯衫。

M：Do you want to try them on?

男：妳想要試穿嗎？

Question：Where are the man and woman?

男士和女士在哪裡？

(A) At a bookstore. 在一家書店。

(B) At a clothes shop. <u>在一家服飾店。</u>

(C) At a theater. 在一家電影院。

* inside〔'ɪn'saɪd〕*adv.* 往裡面
  piece〔pis〕*n.* 一片；一件
  Webber〔'wɛbɚ〕*n.* 韋伯   writer〔'raɪtɚ〕*n.* 作家
  yep〔jɛp〕*adv.* 是的（= *yes*）   fan〔fæn〕*n.* 迷；粉絲
  oh〔o〕*interj.*（表示驚訝、痛苦等）喔
  look at 看   skirt〔skɝt〕*n.* 裙子
  shirt〔ʃɝt〕*n.* 襯衫   ***try on*** 試穿
  bookstore〔'bʊk,stor〕*n.* 書店   clothes〔kloz〕*n. pl.* 衣服
  theater〔'θiətɚ〕*n.* 電影院

14.(**C**) M：Sandy?

男：珊蒂？

W：Uh, do I know you?

女：喔，我認識你嗎？

M：Mike Black, remember? We were in Mrs. Sloan's class for a year.

男：麥可‧布雷克，記得嗎？我們一起上史隆老師的課一年。

W：Uh… oh yeah. Wow! You're so different. What are you doing in London?

女：喔⋯嗯，是的。哇！你變得很不一樣。你在倫敦做什麼？

M：I'm on a business trip. And you?

男：我來出差。妳呢？

W：I'm studying here.

女：我在這裡讀書。

Question：What do we know about the man and the
woman? 關於男士和女士，我們知道什麼？

(A) They are on a trip together. 他們一起旅行。

(B) They met for the first time. 他們第一次見面。

(C) They went to the same school. 他們上同一所學校。

* uh〔ʌ〕*interj.* 喔　　Mrs.〔'mɪsɪz〕*n.* ⋯太太；⋯老師
　Sloan〔slon〕*n.* 史隆　　wow〔waʊ〕*interj.*（表示驚訝等）哇
　be on a business trip 出差　　***for the first time*** 生平第一次

15.（ **A** ）M：Susie!

男：蘇西！

W：Just five minutes more, OK?

女：只要再五分鐘，好嗎？

M：You said that five minutes ago.

男：妳五分鐘前就說過那句話了。

W：It's still early, Dad. I'm very tired.

女：時間還很早，爸。我很累。

M：I've told you not to play online games so late.
You're gonna be late again.

男：我告訴過妳不要打線上遊戲打到那麼晚。妳又要遲到了。

W：Ooh… five more minutes?

女：喔⋯再五分鐘？

M：Come on, I've made you some eggs and toast.

男：快點，我已經幫妳做了一些蛋和吐司。

Question：What's the man trying to do?

男士正試著要做什麼？

(A) Get his daughter out of bed. <u>叫他的女兒起床。</u>

(B) Make breakfast for his daughter. 為他的女兒做早餐。

(C) Stop his daughter playing online games.

阻止他的女兒玩線上遊戲。

* Susie〔'suzɪ〕*n.* 蘇西　　tired〔taɪrd〕*adj.* 疲倦的
online〔͵ɑn'laɪn〕*adj.* 線上的；網路上的
online game 線上遊戲；網路遊戲
late〔let〕*adv.* 晚地　　***be gonna*** 即將（= *be going to*）
ooh〔o〕*interj.*（表示驚訝、痛苦等）喔；哎呀　　***come on*** 快點
toast〔tost〕*n.* 吐司　　***get sb. out of bed*** 叫某人起床
stop sb. (***from***) ***V-ing*** 阻止某人做…

16. (**A**) W：Good evening, River Station.　May I help you?

女：晚安，這裡是河站。能為您效勞嗎？

M：Yes, I'd like a table for two on Saturday evening, please.

男：是的，我星期六晚上想要兩人的位子，拜託了。

W：Sure.　What time would you like to come, sir?

女：當然。先生想要什麼時間來？

M：Around seven.

男：大約七點。

W：Can I take your name, please?

女：能告訴我你的名字嗎？

M：Sure, it's John Smith.

男：當然，我是約翰·史密斯。

W：Thank you, Mr. Smith.　We'll see you at seven o'clock on Saturday.

女：謝謝你，史密斯先生。我們星期六晚上七點見。

Question：Where is the man going at seven o'clock on Saturday evening?

男士星期六晚上七點要去哪裡？

(A) A restaurant. 餐廳。　　　(B) A theater. 戲院。

(C) A train station. 火車站。

* station〔'steʃən〕*n.* 車站

17. (**C**)　M：Why did you walk to work today? It's snowing like crazy.

男：為什麼你今天走路去上班？現在正下著大雪。

W：Oh… My car has a mind of its own in wintertime. It only starts when it wants to.

女：喔…我的車子在冬天很有想法。它只在它想的時候才會發動。

M：Maybe you should have someone look at it.

男：也許妳該找個人檢查一下。

W：It's alright. It's been like this for years.

女：沒關係。已經很多年都這樣了。

Question：What do we know about the woman's car?

關於女士的車，我們知道什麼？

(A) It still looks like a new car. 它仍然看起來像新車。

(B) The woman will sell it to the man. 女士會把它賣給男士。

(C) There is something wrong with it. 它出了點毛病。

* snow〔sno〕*v.* 下雪　　crazy〔'krezɪ〕*adj.* 瘋狂的

like crazy 猛烈地；拼命地　　mind〔maɪnd〕*n.* 心；想法

wintertime〔'wɪntə,taɪm〕*n.* 冬天

start〔stɑrt〕*v.* 開始；發動

wrong〔rɔŋ〕*adj.* 有毛病的；有問題的

18. (**B**)　M：Do you still want to watch Moonlight on Friday evening?

男：妳星期五晚上還想看「月光」嗎？

W：Yeah! What time is it showing at the City Theater?

女：是啊！城市戲院幾點上映？

M：Six-thirty, seven-thirty, and eight-thirty.

男：六點半、七點半，和八點半。

W：Hmm, I don't get home until six-thirty.

女：嗯，我直到六點半才會到家。

M：What about eight-thirty then?

男：那麼八點半如何？

W：How long is the movie?

女：電影多長？

M：Just over two hours.

男：兩個多小時。

W：I don't really want to get home too late though.

女：不過，我真的不想太晚回家。

M：Well, there's only one left then.

男：嗯，那就只剩一個時間了。

Question：What would be the best time for the man and the woman to see the movie?

男士和女士的最佳看電影時間是幾點？

(A) 6:30. 六點半。　　　　(B) 7:30. 七點半。

(C) 8:30. 八點半。

* moonlight〔'mun,laɪt〕*n.* 月光　　show〔ʃo〕*v.* 上映
not…until 直到～才…　　though〔ðo〕*adv.* 不過【置於句尾】
left〔lɛft〕*adj.* 剩下的

19. (**B**)　W：Hello, Mr. Gray. Nice to see you today.

女：哈囉，葛雷先生。今天很高興見到你。

M：Hi, Wendy. I must you thank you for the tip on the tomato soup. It was delicious.

男：嗨，溫蒂。我必須感謝妳關於蕃茄湯的訣竅。很好喝。

W : I'm glad you like it. So, what can I get you today?

女：我很高興你會喜歡。所以我今天可以給你什麼？

M : Um, I'm thinking about making an apple pie.

男：嗯，我想要做蘋果派。

W : Your famous apple pie? And I see you've got some nice steaks from Ms. Brown. Someone's coming to dinner, I guess.

女：你有名的蘋果派？我看到你已經從布朗女士那邊買了一些不錯的牛排。我猜晚上有人會來吃晚餐。

M : Well, it's my son. He's coming back tonight.

男：嗯，是我兒子。他今晚回來。

W : Lovely. And lucky for you, we just had the best apples come in this morning.

女：非常好。你很幸運，我們今天早上有進來最好的蘋果。

M : Great, I'll need eight apples. And give me a lemon, too, please. I always put a little lemon juice on the apples before I bake the pie.

男：太好了，我需要八顆蘋果。也請給我一顆檸檬。我總是會在烤派之前，放一些檸檬汁在蘋果上。

W : Lemons are always great with pies.

女：檸檬總是和派很搭。

Question : Where are the man and the woman?
　　　　　男士和女士在哪裡？

(A) In a bakery. 在麵包店。

(B) In a market. <u>在市場。</u>

(C) In a restaurant. 在餐廳。

* tip〔tɪp〕n. 訣竅　　tomato〔təˋmeto〕n. 蕃茄
　soup〔sup〕n. 湯　　delicious〔dɪˋlɪʃəs〕adj. 美味的
　glad〔glæd〕adj. 高興的　　pie〔paɪ〕n. 派
　famous〔ˋfeməs〕adj. 有名的　　get〔gɛt〕v. 買

steak〔stek〕*n.* 牛排　　lovely〔'lʌvlɪ〕*adv.* 極好地
(*it's*) ***lucky for you*** 你很幸運
lemon〔'lɛmən〕*n.* 檸檬　　juice〔dʒus〕*n.* 果汁
bake〔bek〕*v.* 烘烤　　bakery〔'bekərɪ〕*n.* 麵包店

20. (**C**) W：Oh no! Anna's going to kill me. I broke her favorite tea cup.

女：噢，不！安娜會殺了我。我打破她最喜歡的茶杯。

M：Do you mean the one she bought from England and she loved very much?

男：妳是說她在英國買的，而且很喜愛的那個嗎？

W：Yes! Oh, what am I going to do?

女：是的！噢，我該怎麼辦？

M：Just tell her.

男：就告訴她。

W：Hmm, interesting. So, who never told her that he ate the super expensive steak she bought?

女：嗯，真有趣。所以，從沒有人告訴她，他吃了她買的超昂貴牛排嗎？

Question：What does the woman think of the man's idea about what she should do?

女士認為男士關於她該怎麼做的想法怎麼樣？

(A) It's helpful. 是有用的。
(B) It's simple. 是簡單的。
(C) It's stupid. <u>是愚蠢的。</u>

＊kill〔kɪl〕*v.* 殺死　　break〔brek〕*v.* 打破
favorite〔'fevərɪt〕*adj.* 最喜愛的　　England〔'ɪŋglənd〕*n.* 英國
interesting〔'ɪntrɪstɪŋ〕*adj.* 有趣的　　super〔'supɚ〕*adj.* 超級的
expensive〔ɪk'spɛnsɪv〕*adj.* 昂貴的
helpful〔'hɛlpfəl〕*adj.* 有幫助的
stupid〔'stjupɪd〕*adj.* 愚蠢的

21. (**C**) M：Excuse me. I'd like to go to the National Museum.
Which bus should I take?

男：不好意思。我想要去國家博物館。我應該搭哪部公車？

W：You can take bus 260. It stops right in front of the
museum. But I'm afraid it won't come for another
thirty minutes.

女：你可以搭 260 公車。它就停在博物館前面。但是恐怕它三
十分鐘後才會來。

M：Is there any other bus?

男：有其他的公車嗎？

W：Yes, you can take bus 108 at the City Park. It's about
a 15-minute walk from here. The bus to the National
Museum comes every ten minutes.

女：有，你可以在城市公園搭 108 公車。離這裡差不多走十五分
鐘。前往國家博物館的公車每十分鐘一班。

M：Well, then I think I'll just wait here, thank you.

男：嗯，那我想我就在這裡等好了，謝謝妳。

Question：How will the man go to the museum?

男士會怎麼去博物館？

(A) He'll walk there. 他會走路去。

(B) He'll take Bus 108. 他會搭 108 公車。

(C) He'll take Bus 260. 他會搭 260 公車。

* national〔'næʃənḷ〕adj. 國家的；國立的
museum〔mju'ziəm〕n. 博物館
right〔raɪt〕adv. 恰好；正好
in front of 在…前面 afraid〔ə'fred〕adj. 害怕…的
I'm afraid… 恐怕… walk〔wɔk〕n. v. 走路

106 年國中教育會考英語科修正意見

題　　號	修　　正　　意　　見
第 16–18 題 第 3 行	...*get* another one *home* for free! → ...*take* another one *home* for free! 或→ ...*get* another one for free! ＊「拿某物回家」是 *take sth. home* 不是 *get sth. home*（誤）。
第 6 行	Bring one card for one book *you like* to read. → Bring one card for one book *you'd like* to read. ＊like 是「喜歡」，根據句意，應是 *would like*「想要」。you'd like to read = you want to read。問「要不要喝點咖啡？」是 *Would* you *like* some coffee? 不是 *Do you like some coffee?*（誤）
倒數第 3 行	Your book must be clean, and nothing *is* written *on* it. → Your book must be clean, and nothing *must be* written *in* it. 或→ Your book must be clean *with nothing written in* it. ＊and 須連兩個對稱的子句，前面是 must be，後面也要用 must be。「在書報雜誌上」，是 *in* 不是 *on*。如果不用子句，可改成獨立分詞構句。【詳見「文法寶典」p.462】
第 16 題	(C) Inviting people to *change* books with each other. → Inviting people to *exchange* books with each other. ＊change 是「改變；更換」，「交換」是 *exchange*。
第 19–21 題 第二段第 5 行	He *walked to* us.... → He *walked up to* us.... ＊*walk up to* 走近【詳見「東華英漢大辭典」p.3940】
第三段第 1 行	When I gave him water, the bag he *carried* dropped, and *things* inside fell out.... → When I gave him water, the bag he *was carrying* dropped, and *the things* inside fell out.... ＊依句意，他「提著的」袋子，應該用「過去進行式」；有指定，所以 things 前面要加定冠詞 the。
第三段第 5 行	...the police *was* looking for.... → ...the police *were* looking for..... ＊the police（警方）是複數名詞，要接複數動詞。the police 等於 policemen。【詳見「文法寶典」p.53】
第 20 題	(D) The man did not want...to see *things* in his bag. → The man did not want...to see *the things in his bag*. ＊有指定，要加定冠詞 the。

第 27–28 題 倒數第 5 行	2. You can choose as many as…vegetables *a* box. → You can choose as many as…vegetables *per* box. 或 You can choose as many as…vegetables *in one* box. ＊強調「每一」箱，要用 *per* box。
第 29–30 題 第 4 行	From July 1, we *have* three more buses…. → From July 1, we *will have* three more…. ＊依句意，應用未來式。
第 9 行	From July 1, you *can* go from…. → From July 1, you *will be able to* go from…. ＊can 的未來式是 will be able to。【詳見「文法寶典」p.314】
倒數第 5 行	5. From July 1, our bus *runs* from…. → From July 1, our bus *will run* from….　＊依句意，應用未來式。
倒數第 3 行	You *don't* need to…. → You *won't* need to…. ＊依句意，應用未來式。
第 31–33 題 第一段第 2 行	If anyone should feel *most excited* about it…. → If anyone should feel *excited* about it…. ＊most 在這裡作「非常」解，等於 very；most 是「獨立比較」，但還是有點比較的味道，依句意，如果有人對這件事感到「非常」興奮，就表示有其他人對這件事感到「有點」興奮，但上下文並未提到任何其他的人，在這裡無法比較，故須將 most 去掉，才合乎句意。
第二段第 5 行	…well in their domestic *market*. → …well in their domestic *markets*. ＊上一句有 foreign markets（國外市場），本句前面又有 five countries，所以應用複數形的 *domestic markets*（國內市場）。
第一段第 2 行 第一段第 4 行	…it is US *movie makers*. → …it is US *moviemakers*. …good news for US *movie makers*, …. → … good news for US *moviemakers*, ….
第 31 題	(C) It has brought together *movie makers*…. → It has brought together *moviemakers*…. ＊根據「東華英漢大辭典」p.2168，moviemaker「（美國）電影製片商；電影製作者」是一個字，不是兩個字。
第 31 題	(B) It has changed *a country's* domestic *market* for movies. → It has changed *some countries'* domestic *markets* for movies. ＊依句意，應用複數形。

第 33 題	*From* the charts, which is true? → *According to* the charts, ...? 或 *Based on* the charts, ...? 或 *From looking at* the charts, ...? * 要改成「根據圖表」或「從圖表看來」，句意才完整。 (C) ..., *UK's* domestic movies *have* the smallest drop.... → ..., *the UK's* domestic movies *have had* the smallest drop.... *「英國」是 *the UK*（= *the United Kingdom*）；依句意，應用「現在完成式」。
第 34–37 題 第 1 行	He used to be *a proud businessman of* a successful shaved ice shop. → He used to be *the proud owner of* a successful shaved ice shop. 或 He used to be *a proud businessman who owned* a successful shaved ice shop. * 依句意，應是「刨冰店的老闆」。
第 2 行	His highest sales *numbers were* 1,899 plates.... → His highest sales *number was* 1,899 plates.... *「最高的銷售數字」應用單數。
倒數第 3 行	Now Jerry *could* finally...store. → Now Jerry *can* finally...store. * 有 Now 不應用過去式 could。
倒數第 3 行	And maybe Dan *would* help by.... → And maybe Dan *will* help by.... * 依句意，應用未來式。
第 38–41 題 第二段第 2 行	...first person to stand *on* the South Pole. → ...first person to stand *at* the South Pole. *「在南、北極」，要用 *at*。例如：It's very cold *at* South Pole.（在南極氣候很寒冷。）【詳見「東華英漢大辭典」p.2583】
第三段第 4 行	...were surprised to find that Amundsen *was* ahead of them. → ...were surprised to find that Amundsen *had been there* ahead of them. 或...were surprised to find that Amundsen *had arrived* ahead of them. * 比過去的動作早發生，應用「過去完成式」。
第 40 題	(C) But Amundsen didn't know *better* about animals than Scott. → But Amundsen didn't know *more* about animals than Scott. * know better 是「有頭腦；明事理；不至於那麼笨」。例如：You should know better.（你應該沒那麼笨。）*know more* 才是「懂得比較多」。

106 年度國中教育會考
英文科公佈答案

閱 讀

題 號	答 案	題 號	答 案
1	B	22	C
2	B	23	A
3	C	24	D
4	A	25	B
5	A	26	A
6	D	27	C
7	D	28	B
8	A	29	A
9	D	30	D
10	A	31	B
11	B	32	D
12	A	33	B
13	A	34	C
14	B	35	A
15	D	36	B
16	C	37	C
17	B	38	C
18	C	39	B
19	D	40	D
20	D	41	C
21	C		

聽 力

題 號	答 案
1	A
2	C
3	B
4	B
5	C
6	A
7	A
8	A
9	B
10	C
11	B
12	A
13	B
14	C
15	A
16	A
17	C
18	B
19	B
20	C
21	C

106 年國中教育會考數學科試題

第一部分：選擇題（第 1~26 題）

1. 算式 $(-2) \times |-5| - |-3|$ 之值為何？
   (A) 13　　　　(B) 7　　　　(C) −13　　　　(D) −7

2. 下列哪一個選項中的等式成立？
   (A) $\sqrt{2^2} = 2$　　(B) $\sqrt{3^3} = 3$　　(C) $\sqrt{4^4} = 4$　　(D) $\sqrt{5^5} = 5$

3. 計算 $6x \cdot (3 - 2x)$ 的結果，與下列哪一個式子相同？
   (A) $-12x^2 + 18x$　　　　　　(B) $-12x^2 + 3$
   (C) $16x$　　　　　　　　　　(D) $6x$

4. 若阿光以四種不同的方式連接正六邊形 $ABCDEF$ 的兩條對角線，連接後的情形如下列選項中的圖形所示，則下列哪一個圖形不是線對稱圖形？

   (A)

   (B)

   (C)

   (D)

5. 已知坐標平面上有兩直線相交於一點 $(2, a)$，且兩直線的方程式分別為 $2x + 3y = 7$、$3x - 2y = b$，其中 a、b 為兩數。求 $a + b$ 之值為何？

(A) 1

(B) -1

(C) 5

(D) -5

6. 阿信、小怡兩人打算搭乘同一班次電車上學。若此班次電車共有 5 節車廂，且阿信從任意一節車廂上車的機會相等，小怡從任意一節車廂上車的機會相等，則兩人從同一節車廂上車的機率為何？

(A) $\dfrac{1}{2}$

(B) $\dfrac{1}{5}$

(C) $\dfrac{1}{10}$

(D) $\dfrac{1}{25}$

7. 平面上有 A、B、C 三點，其中 $\overline{AB} = 3$，$\overline{BC} = 4$，$\overline{AC} = 5$。若分別以 A、B、C 為圓心，半徑長為 2 畫圓，畫出圓 A、圓 B、圓 C，則下列敘述何者正確？

(A) 圓 A 與圓 C 外切，圓 B 與圓 C 外切

(B) 圓 A 與圓 C 外切，圓 B 與圓 C 外離

(C) 圓 A 與圓 C 外離，圓 B 與圓 C 外切

(D) 圓 A 與圓 C 外離，圓 B 與圓 C 外離

8. 下列選項中所表示的數，哪一個與 252 的最大公因數為 42？

(A) $2 \times 3 \times 5^2 \times 7^2$

(B) $2 \times 3^2 \times 5 \times 7^2$

(C) $2^2 \times 3 \times 5^2 \times 7$

(D) $2^2 \times 3^2 \times 5 \times 7$

9. 某高中的籃球隊成員中，一、二年級的成員共有 8 人，三年級
的成員有 3 人。一、二年級的成員身高（單位：公分）如下：

172、172、174、174、176、176、178、178

若隊中所有成員的平均身高為 178 公分，則隊中三年級成員的
平均身高為幾公分？

(A) 178　　　　　　　　(B) 181

(C) 183　　　　　　　　(D) 186

10. 已知在卡樂芙超市內購物總金額超過 190 元時，購物總金額有
打八折的優惠。安妮帶 200 元到卡樂芙超市買棒棒糖，若棒棒
糖每根 9 元，則她最多可買多少根棒棒糖？

(A) 22　　　　　　　　 (B) 23

(C) 27　　　　　　　　 (D) 28

11. 如圖（一），△ABC 中，D、E 兩點分別在 $\overline{AB}$、$\overline{BC}$ 上。若
$\overline{AD} : \overline{DB} = \overline{CE} : \overline{EB} = 2 : 3$，則 △DBE 與 △ADC 的面積比
為何？

(A) 3 : 5

(B) 4 : 5

(C) 9 : 10

(D) 15 : 16

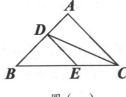

圖（一）

12. 一元二次方程式 $x^2 - 8x = 48$ 可表示成 $(x - a)^2 = 48 + b$ 的形
式，其中 a、b 為整數。求 $a + b$ 之值為何？

(A) 20　　　　　　　　 (B) 12

(C) –12　　　　　　　　(D) –20

13. 已知坐標平面上有一長方形 $ABCD$，其坐標分別為 $A(0,0)$、
$B(2,0)$、$C(2,1)$、$D(0,1)$。今固定 B 點並將此長方形依順時針
方向旋轉，如圖（二）所示。
若旋轉後 C 點的坐標為 $(3,0)$，
則旋轉後 D 點的坐標為何？

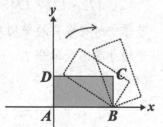

(A) $(2,2)$

(B) $(2,3)$

(C) $(3,3)$

(D) $(3,2)$

圖（二）

14. 圖（三）為平面上五條直線 L_1、L_2、L_3、L_4、L_5 相交的情形。
根據圖中標示的角度，判斷下列敘述
何者正確？

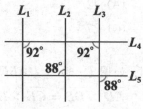

(A) L_1 和 L_3 平行，L_2 和 L_3 平行

(B) L_1 和 L_3 平行，L_2 和 L_3 不平行

(C) L_1 和 L_3 不平行，L_2 和 L_3 平行

(D) L_1 和 L_3 不平行，L_2 和 L_3 不平行

圖（三）

15. 威立到小吃店買水餃，他身上帶的錢恰好等於 15 粒蝦仁水餃
或 20 粒韭菜水餃的價錢。若威立先買了 9 粒蝦仁水餃，則他
身上剩下的錢恰好可買多少粒韭菜水餃？

(A) 6

(B) 8

(C) 9

(D) 12

16. 將圖（四）中五邊形紙片 ABCDE 的 A 點以 $\overline{BE}$ 為摺線往下摺，A 點恰好落在 $\overline{CD}$ 上，如圖（五）所示。再分別以圖（五）的 AB、AE 為摺線，將 C、D 兩點往上摺，使得 A、B、C、D、E 五點均在同一平面上，如圖（六）所示。若圖（四）中 $\angle A = 124°$，則圖（六）中 $\angle CAD$ 的度數為何？

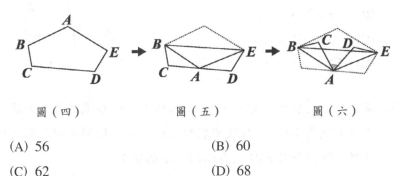

圖（四）　　　　圖（五）　　　　圖（六）

(A) 56　　　　　　　　(B) 60
(C) 62　　　　　　　　(D) 68

17. 若 a、b 為兩質數且相差 2，則 $ab+1$ 之值可能為下列何者？
(A) 39^2　　　　　　　(B) 40^2
(C) 41^2　　　　　　　(D) 42^2

18. 如圖（七），O 為銳角三角形 ABC 的外心，四邊形 OCDE 為正方形，其中 E 點在 △ABC 的外部。判斷下列敘述何者正確？
(A) O 是 △AEB 的外心，O 是 △AED 的外心
(B) O 是 △AEB 的外心，
　　O 不是 △AED 的外心
(C) O 不是 △AEB 的外心，
　　O 是 △AED 的外心
(D) O 不是 △AEB 的外心，
　　O 不是 △AED 的外心

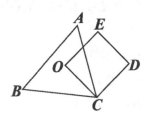

圖（七）

19. 圖（八）為互相垂直的兩直線將四邊形 ABCD 分成四個區域的
情形。若 $\angle A = 100°$，$\angle B = \angle D = 85°$，$\angle C = 90°$，則根據圖
中標示的角，判斷下列 $\angle 1$、$\angle 2$、
$\angle 3$ 的大小關係，何者正確？

(A) $\angle 1 = \angle 2 > \angle 3$

(B) $\angle 1 = \angle 3 > \angle 2$

(C) $\angle 2 > \angle 1 = \angle 3$

(D) $\angle 3 > \angle 1 = \angle 2$

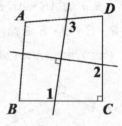

圖（八）

20. 圖（九）的數線上有 O、A、B 三點，其中 O 為原點，A 點所
表示的數為 10^6。根據圖中數線上這三點之間的實際距離進行
估計，下列何者最接近 B 點所表示的數？

(A) 2×10^6

(B) 4×10^6

(C) 2×10^7

(D) 4×10^8

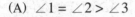

圖（九）

21. 如圖（十），$\triangle ABC$、$\triangle ADE$ 中，C、E 兩點分別在 $\overline{AD}$、
$\overline{AB}$ 上，且 $\overline{BC}$ 與 $\overline{DE}$ 相交於 F 點。若 $\angle A = 90°$，$\angle B = \angle D = 30°$，$\overline{AC} = \overline{AE} = 1$，
則四邊形 AEFC 的周長為何？

(A) $2\sqrt{2}$

(B) $2\sqrt{3}$

(C) $2 + \sqrt{2}$

(D) $2 + \sqrt{3}$

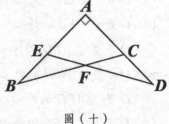

圖（十）

22. 已知坐標平面上有兩個二次函數 $y = a(x + 1)(x - 7)$、
$y = b(x + 1)(x - 15)$ 的圖形，其中 a、b 為整數。判斷將二次函
數 $y = b(x + 1)(x - 15)$ 的圖形依下列哪一種方式平移後，會使
得此兩圖形的對稱軸重疊？
(A) 向左平移 4 單位　　　　(B) 向右平移 4 單位
(C) 向左平移 8 單位　　　　(D) 向右平移 8 單位

23. 圖（十一）為阿輝、小薰一起到商店分別買了數杯飲料與在家
分飲料的經過。

這些飲料總共2000元。

我先付1000元，
不夠的部分你幫
我出，回家再還
你錢。

阿輝，我買的飲料比你買
的多6杯，還你120元。

圖（十一）

若每杯飲料的價格均相等，則根據圖中的對話，判斷阿輝買了
多少杯飲料？
(A) 22　　　　　　　　　　(B) 25
(C) 47　　　　　　　　　　(D) 50

24. 如圖（十二），水平桌面上有個內部裝水的長方體箱子，箱內
有一個與底面垂直的隔板，且隔板左右兩側的水面高度分別為
40 公分、50 公分。今將隔板抽出，若過程中箱內的水量未改
變，且不計箱子及隔板厚度，則根據圖中的數據，求隔板抽出
後水面靜止時，箱內的水面高度為多少公分？

(A) 43

(B) 44

(C) 45

(D) 46

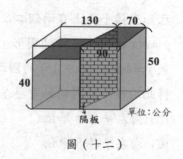

圖（十二）

25. 如圖（十三），某計算機中有 $\sqrt{}$ 、 $1/x$ 、 x^2 三個按鍵，以下
是這三個按鍵的功能。

　　1. $\sqrt{}$ ：將螢幕顯示的數變成它的正平方根，

　　　例如：螢幕顯示的數為 49 時，按下 $\sqrt{}$ 後會變成 7。

　　2. $1/x$ ：將螢幕顯示的數變成它的倒數，

　　　例如：螢幕顯示的數為 25 時，按下 $1/x$ 後會變成 0.04。

　　3. x^2 ：將螢幕顯示的數變成它的平方，

　　　例如：螢幕顯示的數為 6 時，按下後 x^2 會變成 36。

若螢幕顯示的數為 100 時，小劉第一下
按 $\sqrt{}$ ，第二下按 $1/x$ ，第三下按 x^2 ，之
後以 $\sqrt{}$ 、 $1/x$ 、 x^2 的順序輪流按，則當
他按了第 100 下後螢幕顯示的數是多少？

(A) 0.01

(B) 0.1

(C) 10

(D) 100

圖（十三）

26. 圖（十四）為兩正方形 *ABCD*、*BPQR* 重疊的情形，其中 *R* 點在 $\overline{AD}$ 上，$\overline{CD}$ 與 $\overline{QR}$ 相交於 *S* 點。若兩正方形 *ABCD*、*BPQR* 的面積分別為 16、25，則四邊形 *RBCS* 的面積為何？

(A) 8

(B) $\dfrac{17}{2}$

(C) $\dfrac{28}{3}$

(D) $\dfrac{77}{8}$

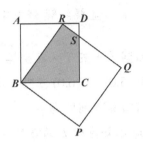

圖（十四）

第二部分：非選擇題（第 1～2 題）

1. 今有甲、乙、丙三名候選人參與某村村長選舉，共發出 1800 張選票，得票數最高者為當選人，且廢票不計入任何一位候選人之得票數內。全村設有四個投開票所，目前第一、第二、第三投開票所已開完所有選票，剩下第四投開票所尚未開票，結果如表（一）所示：

表（一）

投開票所	候選人			廢票	合計
	甲	乙	丙		
一	200	211	147	12	570
二	286	85	244	15	630
三	97	41	205	7	350
四					250

（單位：票）

請回答下列問題：

(1) 請分別寫出目前甲、乙、丙三名候選人的得票數。

(2) 承 (1)，請分別判斷甲、乙兩名候選人是否還有機會當選村長，並詳細解釋或完整寫出你的解題過程。

2. 如圖（十五），在坐標平面上，O 為原點，另有 $A(0,3)$、$B(-5,0)$、$C(6,0)$ 三點，直線 L 通過 C 點且與 y 軸相交於 D 點。

請回答下列問題：

(1) 已知直線 L 的方程式為 $5x - 3y = k$，求 k 的值。

(2) 承 (1)，請完整說明 $\triangle AOB$ 與 $\triangle COD$ 相似的理由。

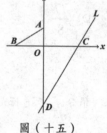

圖（十五）

參考公式：

> 📖 和的平方公式：$(a+b)^2 = a^2 + 2ab + b^2$
>
> 差的平方公式：$(a-b)^2 = a^2 - 2ab + b^2$
>
> 平方差公式：$a^2 - b^2 = (a+b)(a-b)$
>
> 📖 若直角三角形兩股長為 a、b，斜邊長為 c，則 $c^2 = a^2 + b^2$
>
> 📖 若圓的半徑為 r，圓周率為 π，則圓面積 $= \pi r^2$，
>
> 圓周長 $= 2\pi r$
>
> 📖 若一個等差數列的首項為 a_1，公差為 d，第 n 項為 a_n，
>
> 前 n 項和為 S_n，則 $a_n = a_1 + (n-1)d$，$S_n = \dfrac{n(a_1 + a_n)}{2}$
>
> 📖 一元二次方程式 $ax^2 + bx + c = 0$ 的解為 $x = \dfrac{-b \pm \sqrt{b^2 - 4ac}}{2a}$

106年國中教育會考數學科試題詳解

第一部分：選擇題（第 1~26 題）

1. **C**

   【解析】 原式 $=(-2)\times 5-3=(-10)-3=-13$

2. **A**

   【解析】 (B) $\sqrt{3^3}=3\sqrt{3}$

   (C) $\sqrt{4^4}=16$

   (D) $\sqrt{5^5}=25\sqrt{5}$

   故選 (A)

3. **A**

   【解析】 原式 $=18x-12x^2=-12x^2+18x$

4. **D**

   【解析】 (A) 對稱軸為 $\overleftrightarrow{BE}$ 或 $\overline{AF}$ 的垂直平分線

   (B) 對稱軸為 $\overleftrightarrow{BE}$

   (C) 對稱軸為 $\overleftrightarrow{CF}$

   (D) 無對稱軸 $\Rightarrow$ 不是線對稱圖形

5. **C**

【解析】 將 $(2, a)$ 代入

$$\begin{cases} 2x+3y=7 \\ 3x-2y=b \end{cases} \Rightarrow \begin{cases} 4+3a=7 \\ 6-2a=b \end{cases}$$

$$\Rightarrow \begin{cases} a=1 \\ b=-2a+6 \end{cases} \Rightarrow \begin{cases} a=1 \\ b=4 \end{cases}$$

$$\therefore a+b=1+4=5$$

6. **B**

【解析】 <u>阿信、小怡</u>各有 5 節車廂可選擇

⇒ 共有 25 種

又從同一節車廂上車有 5 種

機率 $= \dfrac{5}{25} = \dfrac{1}{5}$

7. **C**

【解析】 $\because \overline{AC}=5>2+2$

$\therefore$ 圓 A 與圓 C 外離

$\because \overline{BC}=4=2+2$

$\therefore$ 圓 B 與圓 C 外切

故選 (C)

8. **A**

【解析】 $42=2\times3\times7$

$252=2^2\times3^2\times7$

(A) 最大公因數 $=2\times3\times7$

(B) 最大公因數 $=2\times3^2\times7$

(C) 最大公因數 $=2^2\times3\times7$

(D) 最大公因數 $=2^2\times3^2\times7$

故選 (A)

9. **D**

【解析】 $172+172+174+174+176+176+178+178$

$=1400$

設三年級的平均身高為 x 公分

$3x+1400=178\times11$

$3x+1400=1958$

$3x=558$，$x=186$

故選 (D)

10. **C**

【解析】 設置 x 根棒棒糖

$9x\times0.8\le200$

$x\le\dfrac{250}{9}=27.7\ldots\ldots$

$\therefore$ 最多可買 27 根棒棒糖

故選 (C)

11. **C**

【解析】 $\triangle DBE$ 面積：$\triangle DBC$ 面積 $=\overline{BE}:\overline{BC}$

$=3:5=9:15$

$\triangle DBC$ 面積：$\triangle ADC$ 面積＝$\overline{BD}$：$\overline{AD}$

$=3：2=15：10$

$\therefore \triangle DBE$ 面積：$\triangle ADC$ 面積＝$9：10$

故選 (C)

12. **A**

　　【解析】　$x^2-8x+16=48+16$

　　　　　　$(x-4)^2=48+16$

　　　　　　$\Rightarrow a=4$，$b=16$，$a+b=20$

　　　　　　故選 (A)

13. **D**

　　【解析】　$\overline{CD}=2$，旋轉後 C 點為 $(3,0)$

　　　　　　$\therefore$ 旋轉後 D 點為 $(3,2)$

　　　　　　故選 (D)

14. **C**

　　【解析】　$92°+92°\neq180°$　$\Rightarrow L_1$ 與 L_3 不平行

　　　　　　$88°=88°$　$\Rightarrow L_2$ 與 L_3 平行

　　　　　　故選 (C)

15. **B**

　　【解析】　設 1 粒蝦仁水餃為 x 元，1 粒韭菜水餃為 y 元

　　　　　　所有錢數＝$15x=20y$

　　　　　　$\Rightarrow 3x=4y$

$15x - 9x = 6x = 2 \times 3x = 2 \times 4y = 8y$

故選 (B)

16. **D**

【解析】 由圖（五）知 $\angle BAC + \angle EAD = 180° - 124° = 56°$

$\therefore$ 圖（六）中 $\angle CAD = 180° - 56° \times 2 = 68°$

故選 (D)

17. **D**

【解析】 (A) $ab + 1 = 39^2$，$ab = 39^2 - 1 = 40 \times 38$

(B) $ab + 1 = 40^2$，$ab = 40^2 - 1 = 41 \times 39$

(C) $ab + 1 = 41^2$，$ab = 41^2 - 1 = 42 \times 40$

(D) $ab + 1 = 42^2$，$ab = 42^2 - 1 = 43 \times 41$

故選 (D)

18. **B**

【解析】 $\overline{OA} = \overline{OB} = \overline{OC} = \overline{OE}$，且 $\overline{OD} = \sqrt{2}\,\overline{OE}$

故選 (B)

19. **D**

【解析】 $(180° - \angle 1) + \angle 2 = 360° - 90° - 90° = 180°$

$\Rightarrow \angle 1 = \angle 2$

$(180° - \angle 2) + \angle 3 = 360° - 85° - 90° = 185°$

$\Rightarrow \angle 3 - \angle 2 = 5° \Rightarrow \angle 3 > \angle 2$

$\therefore \angle 3 > \angle 1 = \angle 2$

故選 (D)

20. **C**

【解析】 (A) $2 \times 10^6 = 2 \overline{OA}$

(B) $4 \times 10^6 = 4 \overline{OA}$

(C) $2 \times 10^7 = 20 \overline{OA}$

(D) $4 \times 10^8 = 400 \overline{OA}$

故選 (C)

21. **B**

【解析】 $\triangle ABC$ 為 $30° - 60° - 90°$ 三角形

又 $\overline{AC} = 1 \Rightarrow \overline{AB} = \sqrt{3}$

又 $\angle AED = 60°$，$\angle B = 30°$

$\triangle BEF$ 中，由外角定理

$\Rightarrow \angle BFE = 60° - 30° = 30°$

$\Rightarrow \triangle BFE$ 為等腰三角形

$\Rightarrow \overline{EF} = \overline{BE} = \overline{AB} - \overline{AE} = \sqrt{3} - 1$

同理 $\overline{CF} = \sqrt{3} - 1$

四邊形 $AEFC$ 周長 $= 1 + 1 + \sqrt{3} - 1 + \sqrt{3} - 1$

$= 2\sqrt{3}$

22. **A**

【解析】 $y = a(x+1)(x-7)$ 和 x 軸的交點為 $(-1,0)$、$(7,0)$

$\Rightarrow$ 對稱軸為 $x = 3$

$y = b(x+1)(x-15)$ 和 x 軸的交點為 $(-1,0)$、$(15,0)$

$\Rightarrow$ 對稱軸為 $x = 7$

$3 - 7 = -4$

向左平移 4 單位

23. **A**

【解析】 小薰付 $1000+120=1120$（元）

阿輝付 $2000-1120=880$（元）

1 杯飲料爲 $(1120-880)\div 6=40$（元）

$880\div 40=22$（杯）

24. **B**

【解析】 設長方體的寬爲 x 公分，

抽出隔板後之水面高度爲 h 公分

長方體的長爲 $130+70=200$（公分）

$$\frac{(130+110)\times x}{2}\times 40+\frac{(70+90)\times x}{2}\times 50=200\times x\times h$$

$$120\times x\times 40+80\times x\times 50=200\times x\times h$$

$$4800+4000=200h$$

$$8800=200h$$

$$h=44$$

25. **B**

【解析】 ① $\boxed{\sqrt{}} \Rightarrow \sqrt{100}=10$

② $\boxed{1/x} \Rightarrow \dfrac{1}{10}=0.1$

③ $\boxed{x^2} \Rightarrow 0.1^2=0.01$

④ $\boxed{\sqrt{}} \Rightarrow \sqrt{0.01}=0.1$

⑤ $\boxed{1/x} \Rightarrow \dfrac{1}{0.1}=10$

⑥ $\boxed{x^2} \Rightarrow 10^2=100$

$100\div 6=16...4 \Rightarrow$ 第 100 次爲 0.1

26. **D**

【解析】 正方形 $ABCD$ 面積為 16 ⇒ 邊長為 4

正方形 $BPQR$ 面積為 25 ⇒ 邊長為 5

$\triangle ABR$ 中，$\overline{AB} = 4$，$\overline{BR} = 5$

$\Rightarrow \overline{AR} = \sqrt{5^2 - 4^2} = 3$

$\Rightarrow \overline{RD} = \overline{AD} - \overline{AR} = 4 - 3 = 1$

又 $\triangle ABR \sim \triangle DRS$（AA 相似）

$\overline{AB} : \overline{DR} = \overline{AR} : \overline{DS}$

$4 : 1 = 3 : \overline{DS}$

$\Rightarrow \overline{DS} = \dfrac{3}{4}$

四邊形 $RBCS$ 面積

= 正方形 $ABCD$ 面積 $- \triangle ABR$ 面積 $- \triangle RDS$ 面積

$= 4 \times 4 - \dfrac{4 \times 3}{2} - 1 \times \dfrac{3}{4} \times \dfrac{1}{2} = \dfrac{77}{8}$

第二部分：非選擇題（第 1~2 題）

1. 【答案】如詳解

【解析】 (1) 甲：$200 + 286 + 97 = 583$

乙：$211 + 85 + 41 = 337$

丙：$147 + 244 + 205 = 596$

(2) 甲：$596 - 583 = 13$

丙目前領先甲 13 票

所以第四投開票所甲贏丙 14 票以上，

則甲當選

故甲可能當選

乙：$596-337=259>250$

若第四投開票所 250 票皆給乙，

乙的總票數仍比丙低

故乙不可能當選

2. 【答案】　如詳解

　【解析】　(1) $(6,0)$ 代入直線 $L：5x-3y=k$

$5×6-3×0=k$

$k=30$

(2) 直線 $L：5x-3y=30$

$x=0$ 代入得

$-3y=30$，$y=-10$

$\Rightarrow D(0,-10)$

在 $\triangle AOB$ 和 $\triangle COD$ 中

$\because \angle AOB = \angle COD = 90°$

$\overline{OA}：\overline{OC}=3：6=1：2$

$\overline{OB}：\overline{OD}=5：10=1：2$

$\therefore \triangle AOB \sim \triangle COD$（$SAS$ 相似性質）

106年度國中教育會考
數學科公佈答案

題 號	答 案	題 號	答 案
1	C	16	D
2	A	17	D
3	A	18	B
4	D	19	D
5	C	20	C
6	B	21	B
7	C	22	A
8	A	23	A
9	D	24	B
10	C	25	B
11	C	26	D
12	A		
13	D		
14	C		
15	B		

106 年國中教育會考社會科試題

一、單題：(1～55 題)

1. 目前因婚姻關係來臺灣的新移民已超過 50 萬人，政府透過許多方式協助他們適應臺灣社會，例如建置數位資訊平臺，以多國語文的網頁介面，提供數位學習及文化交流的空間。上述多國語文最可能涵括下列何者？
   (A) 俄羅斯文、德文
   (B) 越南文、印尼文
   (C) 阿拉伯文、土耳其文
   (D) 西班牙文、葡萄牙文

2. 圖（一）為臺灣某次馬拉松比賽路線圖，參賽者在路跑過程中，最可能看到下列何種景觀？
   (A) 岬角與海灣相間
   (B) 潟湖、沙洲遍布
   (C) 大規模的隆起珊瑚礁
   (D) 陡直的峭壁、深切的峽谷

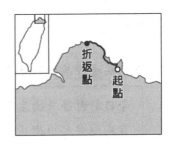

圖（一）

3. 2014 年，中國與甲國簽署了乳製品的合作協議，由於甲國向來以酪農業發達著稱，兩國合作將有助於提高中國乳製品的品質與產量。甲國最可能為下列何者？
   (A) 北韓　　　　　　　　(B) 荷蘭
   (C) 泰國　　　　　　　　(D) 挪威

4. 圖（二）爲臺灣某月分的月平均等雨量線圖，
根據圖中雨量的分布狀況判斷，該月分臺灣的
氣候特色爲下列何者？

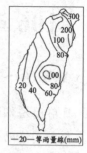

（A）高溫多對流雨
（B）易形成滯留鋒
（C）東北季風盛行
（D）易受颱風侵襲

圖（二）

5. 某國的國旗以白色爲底，上有藍色十字，充分展現該國的自
然與人文特色。因該國有四分之一的國土在北極圈內，氣候
寒冷，故白色象徵冬季白雪覆蓋的國土；藍色象徵境內廣布
的冰蝕湖、河流；十字表示該國在歷史上與其他北歐鄰國的
密切關係。上文是在介紹何國的國旗？

（A）丹麥　　　　　　　　（B）芬蘭
（C）瑞士　　　　　　　　（D）俄羅斯

6. 下列爲臺灣某份刊物上刊載的文章：

> 今日針對普及衛生思想，監督指導的單位須以身作則，
> 首先應喚起市街庄行政人員的自覺，有效配合地方上保
> 甲的力量。此外，藉由小學校、公學校對衛生教育的提
> 倡、社會上報章雜誌的宣傳，來提升民眾的衛生意識。

根據內容判斷，此段文章主要在討論下列何者？

（A）荷蘭聯合東印度公司推動衛生教育
（B）中華民國政府規畫與施行衛生教育
（C）清朝開港通商時，傳教士引進公共衛生觀念
（D）日本統治時期，政府與民間推廣公共衛生觀念

7. 圖（三）是某機構的性質
　　及工作內容示意圖。據此
　　判斷，該機構最可能為下
　　列何者？

圖（三）

(A) 郊　
　　　　📖 郊＝行郊
(B) 公行

(C) 市舶司

(D) 總理各國事務衙門

8. 表（一）為清朝後期幾位地方總督、巡撫的出身資料，根據
　　內容判斷，他們得以
　　出任總督、巡撫，
　　與下列何者關係最
　　密切？

表（一）

姓名	民族	經歷	曾任職務
左宗棠	皆為漢人	皆為湘軍將領	1861 年浙江巡撫
楊岳斌			1864 年陝甘總督
劉坤一			1865 年江西巡撫
曾國荃			1865 年山西巡撫

(A) 鴉片戰爭

(B) 英法聯軍

(C) 太平天國

(D) 甲午戰爭

9. 以下是中國某朝代首都的簡介：「這是一座依計畫興建的城
　　市，城中可見基督教教堂、伊斯蘭教清真寺及佛教寺廟。朝
　　廷聘用色目人擔任財政官員，並推行全國性紙幣政策，加上
　　各地物資的集中，讓這座城市成為金融經濟中心。」上述城
　　市最可能是指下列何者？

(A) 東漢 洛陽　　　　　　　(B) 唐代 長安

(C) 北宋 汴京　　　　　　　(D) 元代 大都

10. 圖（四）是某一文件的部分內容，此
    文件最可能是下列何者？
    (A) 日本給劉永福的勸降書
    (B) 法軍將領給清廷的戰帖
    (C) 日本給牡丹社原住民的公告
    (D) 臺灣民主國給日本總督的通牒

> 大清皇帝已割讓臺灣及澎湖群島，
> 並派欽差大臣與本總督完成授受之
> 約。故本總督乃坐鎮臺北，安撫民
> 眾，遂行統治。今得知您占據臺南
> 一帶，外無援兵，孤軍頑抗，……您若
> 能體察大清皇帝聖旨，應立即停止
> 抵抗，讓民眾免於戰火之苦。

圖（四）

11. 新聞報導：國外某一所大學在校園中
    舉辦臺灣文化節，多名來自臺灣的交
    換學生，熱情地介紹臺灣的特色美食
    與民情風俗，展現出臺灣多元文化的面貌，讓校內來自各國的
    學生驚豔不已……。根據上述報導內容判斷，下列何者最可能
    是校內舉辦此類活動的目的？
    (A) 擴展官方外交關係　　　　(B) 促進各國文化交流
    (C) 調適強勢文化衝擊　　　　(D) 推動多元文化融合

12. 13 歲的小婷因羨慕朋友擁有最新型的手機，於是趁體育課偷
    走同學留在書包中的零用錢，行竊時被返回班上的同學撞見，
    受害學生家長獲知後決定報警處理。根據上述內容判斷，小婷
    最可能會受到下列何種處分？
    (A) 罰鍰一千元　　　　　　　(B) 拘役二十五日
    (C) 罰金一千五百元　　　　　(D) 假日生活輔導四次

13. 力豪慢跑時遇到了三位親戚，相遇
    地點如圖（五）所示。若力豪與這
    三位親戚相遇的先後順序為旁系血
    親、直系血親、姻親，則他的慢跑
    路線最可能為下列何者？

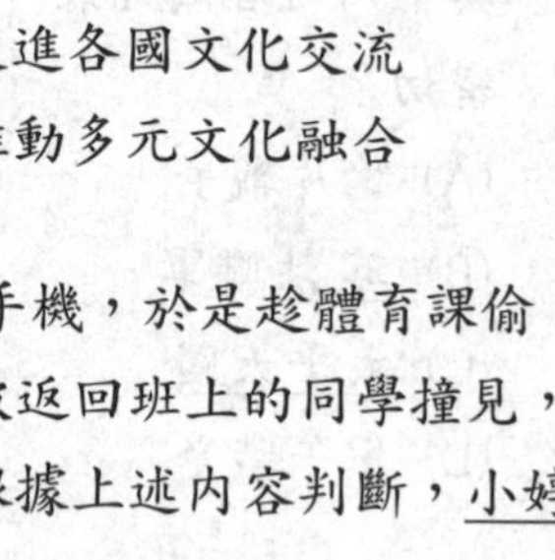

岳母
伯父　　外婆

圖（五）

(A)　　　　　　　　　　　(B)

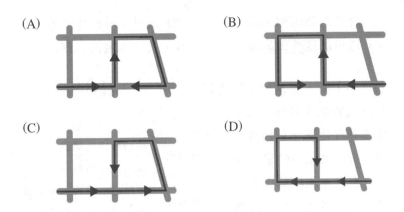

(C)　　　　　　　　　　　(D)

14. 隨著網路設備與智慧型手機的普及，各種訊息的流通速度與數量已超乎我們想像，但在訊息傳遞過程中，閱聽人卻常未對其真偽加以過濾，反而間接成為散播謠言的幫兇。上述內容提醒我們應重視下列何項議題？
(A) 傳播媒體的自由　　　　(B) 資訊倫理的建立
(C) 個人隱私的保障　　　　(D) 資訊科技的革新

15. 有學者認為廣告若傳達不適當的訊息，可能產生強化性別刻板印象的效果。下列廣告臺詞中，何者最可能會產生上述效果？
(A) 男女需求大不同，營養補充各取所需
(B) 健康活靈芝，孝順父母親的最佳選擇
(C) 體貼老婆的第一選擇，清淨牌洗衣機
(D) 安康保全，守護全家人的平安與幸福

16. 圖（六）為黃河部分水文測站1950 至 2010 年實測的年平均含沙量。從圖可知數據在龍門測站發生明顯變化，其主要原因為下列何者？

圖（六）

(A) 河床高於兩側地面　　(B) 河川上游興建水庫

(C) 河川流經黃土高原　　(D) 乾季末期河川斷流

17. 表（二）為中國推行某項建設
要達成的政策目標，此一
建設最可能是下列何者？

(A) 西電東送的輸電系統

(B) 南水北調的輸水工程

(C) 橫貫新疆的聯外鐵路

(D) 穿越高原的青藏鐵路

表（二）

對象	目標
對國內	推動西部大開發
	促進族群的融合
對國外	強化與中亞國家的貿易
	利於歐亞大陸經濟整合

18. 圖（七）為1985至2009年臺灣稻作面積的變化。此變化趨
勢，除了受國人飲食習慣改變的影響之外，和下列哪一項因
素的關係最密切？

(A) 國際糧食價格升高

(B) 政策輔導農業轉型

(C) 大規模機械化耕作

(D) 單位面積產量下降

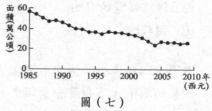

圖（七）

19. 表（三）為某一個國家的簡介。根據該國的地理特徵判斷，下
列何者是該國在全球氣候變遷下最可能面臨的環境災害？

表（三）

項目	說明
位置	5°S～10°S，176°E～179°E
地形特徵	珊瑚礁島
平均高度	2至3公尺
水文特徵	全國無河流

(A) 降雨稀少致長期乾旱　　(B) 水患頻仍且國土萎縮

(C) 土石流發生頻率增加　　(D) 土地沙漠化範圍擴大

20. 1868 年，有外國人在臺灣旅行時發現：「這裡泉水溫度很高，可能被蒸氣燙傷，空氣中瀰漫著濃烈的硫磺味，惡劣的環境不利植物生長。周圍泉水沸騰的聲響很大，就好像地下有一個 24 小時運作的工作室一樣。」下列哪一離島，具有類似上述旅遊地點的地質環境？

(A) 東沙島　　　　　　　(B) 琉球嶼

(C) 龜山島　　　　　　　(D) 金門列嶼

21. 阿華至博物館參觀卑南文化遺址的展覽，他最可能在展覽中看到哪一項該史前文化的出土文物？

(A)
銅錢

(B)
陶罐

(C)
鐵製農具

(D)
甲骨文

22. 圖（八）描述臺灣史上某一時期的社會現象，圖中的「具體例證」，最適合填入下列何者？

- 清朝統治時期
- 地域觀念或祖籍意識的對抗
- 不同群體間為了爭奪土地、水源或利益，而發生的武力衝突
- 具體例證：　　？

(A) 地主與官府的對抗

(B) 郊商與洋商的對抗

(C) 士紳與傳教士的衝突

(D) 漳州人與泉州人的衝突

圖（八）

23. 圖（九）是某史事的起源地區與傳播方向示意圖，下列何者最足以呈現該史事的內涵？

(A) 研究古典文獻，強調人文主義

(B) 路德教派改革，主張因信得救

(C) 議會政治興起，發展責任內閣

(D) 機器取代人力，出現工廠制度

圖（九）

24. 「這個時代，<u>東亞</u>地區充滿了變動：<u>歐洲</u>諸國先後來到<u>東亞</u>，建立商貿與傳教據點，造成不少衝擊；<u>日本</u>幕府為了鞏固統治，實施鎖國；至於<u>中國</u>，來自<u>東北</u>的民族建立新王朝，並對<u>反抗勢力</u>施行海禁政策。」上文雙底線處最可能是指下列何者？

(A) <u>臺灣民主國</u>成立　　　(B) <u>林爽文</u>結黨起兵

(C) <u>郭懷一</u>號召<u>漢</u>人抗爭　　(D) <u>鄭成功</u>家族率眾起事

25. 圖（十）為<u>歐洲</u>史上某時期社會的主要階層及其職責，此圖最可能是呈現下列何者的情況？

(A) <u>古希臘</u>時代

(B) <u>羅馬</u>共和時期

(C) 中世紀的<u>西歐</u>

(D) 工業革命後的<u>英國</u>

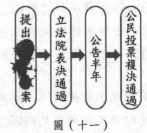

領主手持城堡，顯示藉城堡保護權位財產，及人民的生命安全。

教士手持教堂，顯示其為宗教信仰的中心，以撫慰人們的心靈。

農民手持房舍，顯示其生活住處，且在鄰近的田地從事農耕。

圖（十）

26. <u>家家</u>在書上看到某個程序的流程圖，但其中的部分內容卻遭到汙漬遮蔽，如圖（十一）所示。根據圖中內容判斷，此圖應是下列何者的法定程序？

(A) 《民法》修正案

(B) 《憲法》修正案

(C) 《會計法》覆議案

(D) 總統、副總統彈劾案

提出●●案 → 立法院表決通過 → 公告半年 → 公民投票複決通過

圖（十一）

27. 下列是四位網友在網路聊天室聊天的內容，若其中一人為我國國民，僅根據他們的敘述判斷，何者在聊天當時最可能具有中華民國國籍？
(A) 小萍：「我的出生地是美國，不過現在在臺灣工作。」
(B) 小文：「等了五年，我下週將前往內政部申請歸化。」
(C) 小君：「我的父母都是日本人，但我在花蓮縣出生。」
(D) 小瑋：「我出生當天，父親正好當選嘉義縣縣議員。」

28. 圖（十二）為小江在面臨新工作機會時的選擇情況，若小江僅依薪資高低選擇薪資最高的工作，根據圖中內容判斷，甲、乙、丙工作的薪資高低關係為下列何者？

圖（十二）

(A) 甲＞乙＞丙
(B) 甲＞丙＞乙
(C) 丙＞甲＞乙
(D) 丙＞乙＞甲

29. 大南：「當監察委員通過彈劾案件後，會交由我們審理，否則即使公務員涉及違法情事，我們也不能主動對當事人的行為進行審議。」根據大南的說法判斷，他應是任職於下列哪一個機關？
(A) 審計部
(B) 法務部
(C) 臺北高等行政法院
(D) 公務員懲戒委員會

30. 阿明當選市長後，他發現市政府的財源嚴重不足，恐影響市政運作，於是設法開拓財源，表（四）是他的開源措施，其中何者是藉由公共造產方式達成目的？

表（四）

項目	開源措施
甲	向議會提案立法開徵地方稅
乙	向中央政府爭取統籌分配款項
丙	推出城市形象廣告，吸引觀光客
丁	增設漁產觀光市場，向使用者收費

(A) 甲　　　　(B) 乙　　　　(C) 丙　　　　(D) 丁

31. 表（五）是四種不同產品的特性說明。若僅考慮表中的產品特性，何者的設廠地點應盡量接近原料產地？

表（五）

產品	特性
甲	100公斤原料可製成10公斤產品。
乙	1立方公尺原料可製成100立方公尺產品。
丙	原料加工成產品後易破碎。
丁	原料加工成產品後易腐敗。

(A) 甲　　　　(B) 乙　　　　(C) 丙　　　　(D) 丁

32. 圖（十三）為中國某行政區2009至2014年接待的國內旅遊人次統計，若根據旅遊者夏季會傾向至避暑勝地，冬季則至避寒勝地旅遊的特性來判斷，右圖最可能是下列何地的資料？

(A) 山東省

(B) 海南省

(C) 黑龍江省

(D) 西藏自治區

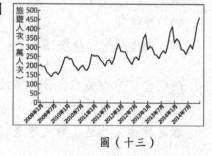

圖（十三）

33. 電影公司想拍攝以美國某種自然災害為主題的電影,故事背景設定在此種災害發生頻率較高的地方,圖(十四)中的甲地為最後被選擇的地點。該電影的拍攝主題最可能是下列何者?

圖(十四)

   (A) 地震
   (B) 颶風
   (C) 暴風雪
   (D) 龍捲風

34. 隨著運輸技術的進步,人口的移動更為便捷,促使國際勞工遷徙日益頻繁。埃及可憑藉宗教文化類似和語言相同的優勢,大量輸出勞工至下列何地?
   (A) 北美
   (B) 東亞
   (C) 西亞
   (D) 西歐

35. 表(六)為世界上兩條重要運河的資訊。若中國欲以海運出口貨物至他國,僅考量最短路徑,下列運輸路線的選擇何者正確?

表(六)

運河	連結海域
甲	太平洋與大西洋
乙	地中海與紅海

   (A) 經甲運河至巴西
   (B) 經乙運河至南非
   (C) 經甲運河至義大利
   (D) 經乙運河至沙烏地阿拉伯

36. 1955 年,亞洲、非洲許多國家在印尼召開會議,主張促進亞、非國家之間的友好合作;1960 年代,印度、埃及等國發起「不結盟運動」,參與國家強調獨立自主和不與美、蘇強權結盟。上述會議與不結盟運動,最可能反映出下列何者?
   (A) 聯合國的成立
   (B) 第三世界的興起
   (C) 共產世界的瓦解
   (D) 九一一事件的影響

37. 十八世紀時，有一位歐洲貴族乘船漂
流至臺灣某地區，發現清廷並未在該
地區設置廳、縣治理，因此當他返回
歐洲後，大力遊說各國派兵來此區建
立殖民地。上述「未設置廳、縣治理」
的地區，最可能是圖（十五）中甲、
乙、丙、丁何處？

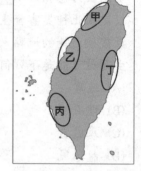

(A) 甲　　　　　(B) 乙
(C) 丙　　　　　(D) 丁

圖（十五）

38. 「二十世紀初，清廷與某國簽訂『中越交界禁止革命黨章
程』，要求該國官員協助查辦在中越邊境活動的革命份子，
若有人在越南境內傳播對清廷不利的言論，則依照該國的律
例加以懲治。」上文中的「某國」最可能是下列何者？

(A) 日本　　　　　(B) 英國
(C) 法國　　　　　(D) 美國

39. 圖（十六）是一幅宣傳海報，此宣傳海報最早可能在下列何時
何地傳布？

(A) 1919-1930 年的臺北
(B) 1949-1960 年的臺北
(C) 1916-1928 年的瀋陽
(D) 1932-1945 年的瀋陽

圖（十六）

40. 小杜向朋友借一部影集回家觀賞，影集內容與一件刑事案件有
關，但因包裝盒破損，僅剩部分劇情說明可辨識，如表（七）
所示。根據我國現行法律判斷，若將四張光碟片按照案件處理
的先後次序排列，則其順序應為下列何者？

表（七）

光碟	劇情說明
甲	……只剩這個機會，法院能否推翻先前判決還他清白……。
乙	……歷經多次開庭，地方法院的法官即將作出判決……。
丙	……他因涉嫌殺人被提起公訴，該如何面對接下來……。
丁	……雖然已決定上訴，但對於未來的結果並沒有把握……。

(A) 丙、乙、丁、甲　　(B) 丁、丙、乙、甲

(C) 丙、丁、乙、甲　　(D) 乙、丙、甲、丁

41. 表（八）為某餐館三項餐點的部分資料，每一項餐點的售價均為 50 元，其總利潤高低依序為湯麵、雞排、炒飯。根據上述內容判斷，表中的甲、乙最可能為下列何者？

    (A) 甲：20，乙：45
    (B) 甲：20，乙：55
    (C) 甲：15，乙：45
    (D) 甲：15，乙：55

表（八）

餐點種類	銷售數量（份）	成本（元/份）
雞排	100	30
湯麵	60	甲
炒飯	乙	10

42. 甲、乙、丙三人的居住地資料如表（九），近日三人分別向當地選出的民意代表陳情，希望他們能反映民情。根據表中資料判斷，此三人所陳情的對象，最可能分別為下列何者？

表（九）

居民	居住地
甲	高雄市
乙	新竹市
丙	花蓮縣花蓮市

(A) 甲：市民代表，乙：市議員，丙：立法委員

(B) 甲：市議員，乙：市民代表，丙：立法委員

(C) 甲：立法委員，乙：市民代表，丙：市議員

(D) 甲：市議員，乙：立法委員，丙：市民代表

43. 我國某鎮鎮長表示：「鬧區停車位並未收費，因而被部分民眾長期占用，導致購物、洽公的民眾常在找不到停車位的情況下，隨意違規停車，對街道景觀與交通安全造成影響，所以有必要實施停車收費政策。」根據上述內容判斷，下列何者正確？

(A) 文中的政府收入將使地方稅收增加

(B) 立法院依法有權可監督新政策的實施

(C) 文中行政首長的參選年齡門檻為三十歲

(D) 新政策的執行將有助於降低外部成本發生

44. 小靈蒐集了許多社會紛爭事件的資料，將其分類後，結果如表（十）所示。根據表中資訊判斷，下列說明何者正確？

(A) 檢察官應主動進行偵查的件數共 40 件

(B) 可經由和解方式直接解決的件數共 35 件

(C) 應由普通法院進行訴訟審理的件數共 65 件

(D) 當事人可聲請調解委員會調解的件數共 75 件

表（十）

事件類別	件數（件）
民事事件	35
告訴乃論刑事案件	40
非告訴乃論刑事案件	25

45. 圖（十七）為 2010 年及聯合國預測 2050 年時，亞洲、非洲、歐洲、北美洲、中南美洲各洲的人口占世界總人口的比例分布狀況。圖中五個區塊分別代表各洲，甲區塊應是指下列何者？

(A) 亞洲

(B) 非洲

(C) 歐洲

(D) 北美洲

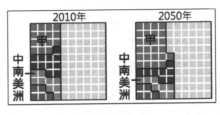

圖（十七）

46. 采晴計畫與家人一同出國旅遊，上網蒐集該地的氣候資料，如 （十一）所示。根據表中資料，采晴最可能在當地看到下列何種景觀？

表（十一）

月分 項目	1 月	7 月	全年
平均氣溫（℃）	26.9	22.6	25.4
降水量（mm）	306.3	4.7	1032.6

(A) 一望無際的葡萄園、橄欖園

(B) 仙人掌散布在連綿的沙漠中

(C) 高低成層、樹冠茂密的雨林

(D) 稀疏的樹木點綴於高草原上

47. 交通部觀光局邀請日本知名藝人為臺灣拍攝觀光宣傳影片，以吸引日本人來臺旅遊，但在宣傳活動的某段期間，因匯率劇烈波動，反而導致當時日本人來臺旅遊人次呈現負成長。上述觀光局作法所希望影響的消費行為因素，與該段期間匯率變化的情況，最可能為下列何項組合？

(A) 預期心理、新臺幣相對日幣升值

(B) 預期心理、新臺幣相對日幣貶值

(C) 個人偏好、新臺幣相對日幣升值

(D) 個人偏好、新臺幣相對日幣貶值

48. 某國受到人口結構改變的衝擊，長期照護、專屬旅遊、到府清潔、就醫接送等「陪伴商機」也應運而生。圖（十八）為該國不同時期的人口金字塔，該國出現上述陪伴商機最可能是因為其人口結構如何轉變？

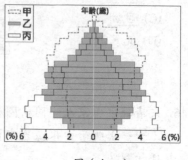

圖（十八）

(A) 由甲轉變成乙

(B) 由甲轉變成丙

(C) 由乙轉變成甲

(D) 由乙轉變成丙

49. 圖（十九）是<u>正雄</u>在書中看到關於某國際組織的簡介，根據內容判斷，這最可能是在介紹下列何者？

> 它所在的地區，在地理位置上大致為東鄰大陸、西瀕海洋，組織內的人民雖然分屬不同國籍，但許多人使用共同的貨幣，而且人員、貨物可以自由流通，不必額外負擔關稅，可說是區域整合相對成功的例子。

圖（十九）

(A) <u>聯合國</u>

(B) <u>歐洲聯盟</u>

(C) <u>北美自由貿易區</u>

📖 北美自由貿易區
＝北美自由貿易協定

(D) <u>亞太經濟合作會議</u>

50. 「君王集軍政大權於一身，其下有輔助推動政務的宰相，以及漸趨系統化和專業化的文武官員，地方上的郡縣長官也由君王直接任命。這些大小官員大部分不再是憑藉血緣世襲的封建貴族，而是平民出身的才學之士。」上文最能說明<u>中國</u>歷史上何種情況的發展？

(A) 世族社會的出現　　　　(B) 地方勢力的割據

(C) 君主立憲的實施　　　　(D) 中央集權的形成

51. 圖（二十）是<u>小月</u>在參與課
堂活動時所製作的海報，根
據海報內容判斷，下列哪一
現象最可能在<u>小月</u>的家鄉出
現？

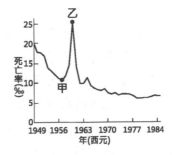

(A) 當地人口拉力比較大
(B) 第二級產業比例增加
(C) 社區發展成果豐碩
(D) 折衷家庭型態居多

圖（二十）

海報內容：
我的家鄉
1.人口結構
居民多為老人及幼童，大多數的年輕人都
住在外地工作，只有逢年過節才返鄉。
2.產業類型
居民多從事養殖漁業的工作，路旁有各種
魚塭，常能吃到新鮮的海產。
3.地方特色
居民共同運用本地產品，經常舉辦料理競
賽，形成海產市集，帶來大批遊客，成為
知名景點。

52. 圖（二十一）是參考某段期間
<u>中國</u>人口死亡率估算值而繪製
的曲線圖，圖中甲、乙二點之
間死亡率的變化，最可能與下
列何者有關？

(A) 人民響應抗<u>美</u>援<u>朝</u>，參與
<u>韓</u>戰而造成傷亡慘重

圖（二十一）

(B) 大躍進運動期間，政策失當所導致的嚴重饑荒
(C) 文化大革命時，紅衛兵鬥爭造成眾多人口死亡
(D) 六四<u>天安門</u>事件爆發，政府鎮壓大量抗議群眾

53. <u>西元</u>前四世紀，<u>亞歷山大</u>創立跨
<u>歐</u>、<u>亞</u>、<u>非</u>的帝國，並在其征服
的疆域內興建城市。圖（二十二）
中的甲、乙、丙、丁，何者最可
能是他所興建的城市？

(A) 甲　　　　(B) 乙
(C) 丙　　　　(D) 丁

圖（二十二）

54. 甲國的經濟結構原以蔗糖業為主,冷戰期間受到鄰近強國的經濟制裁,後經蘇聯經濟援助,其蔗糖業曾有輝煌的發展。但自蘇聯解體後,失去來自蘇聯的經濟援助,加上乾旱、颱風、國際糖價持續低迷和能源短缺等因素,使該國的蔗糖業陷入衰退。2011 年該國政府實施糖業改革,積極投入生質能源的開發,利用甘蔗渣發電,帶動蔗糖業的另一波商機。甲國最可能是下列何者?
    (A) 巴西
    (B) 古巴
    (C) 北韓
    (D) 波蘭

55. 這個國家仿效羅馬帝國擴張的模式,在各個征服地區建立城市,作為行政、軍事和經濟中心:部分征服地區是以既存的城市為基礎,如墨西哥城;多數征服地區則是建立新的城市,城內有著規則的街道網絡,如位於加勒比海的聖雅各騎士城(今多明尼加共和國境內),及中美洲的瓜地馬拉城等。這個國家最可能是下列何者?
    (A) 十世紀的神聖羅馬帝國
    (B) 十三世紀的印加帝國
    (C) 十六世紀的西班牙
    (D) 十九世紀的美國

二、題組:(56~63 題)

閱讀下列選文,回答第 56 至 58 題:

> 　　畢道文的家鄉自十七世紀以來長期受荷蘭殖民,從醫科學校畢業後,他即前往荷蘭深造,並積極參與反荷蘭統治、支持家鄉獨立的政治運動。

第一次世界大戰後，西班牙的社會主義者掌控了政府。1936年，主張反共的西班牙法西斯黨人發動奪權，企圖推翻政府，並得到二個同樣反共的極權統治國家的軍事援助；畢道文和許多國際志願軍因同情西班牙政府，則加入了反法西斯陣營，投身於西班牙內戰，擔任國際志願軍的隨隊醫生貢獻心力。

之後，畢道文轉往中國，參與對日作戰。第二次世界大戰結束後，他繼續留在中國，參與聯合國善後救濟總署，協助中國重建。畢道文一生獻身於革命，以超越種族與國籍的行動，追求個人崇高的理想。

56. 畢道文的家鄉最可能位於圖（二十三）中甲、乙、丙、丁何處？
　　(A) 甲　　　　(B) 乙
　　(C) 丙　　　　(D) 丁

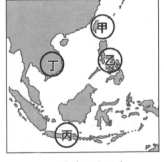

圖（二十三）

57. 上文提及有二個國家軍事援助西班牙的法西斯黨人，此二個國家最可能是下列何者？
　　(A) 美國、英國　　　　(B) 日本、蘇聯
　　(C) 蘇聯、德國　　　　(D) 德國、義大利

58. 根據上文雙底線處的內容判斷，畢道文的作為，最可能是符合馬斯洛需求層次理論的哪一層次？
　　(A) 生理需求
　　(B) 安全需求　　　📖 需求層次理論＝個人需求層次理論
　　(C) 尊重需求
　　(D) 自我實現需求

閱讀下列選文，回答第 59 至 60 題：

　　臺灣的電線桿或配電箱，大多標有由英文字母和數字組成的雙排編號，共 9 碼或 11 碼，此編號為「電力坐標」，如圖（二十四）所示。坐標中的英文字母和數字乃根據固定的規則編碼，例如第一個英文字母代表分區坐標區塊，對照圖（二十五）即可大略知道位於臺灣何處。電力坐標經過簡單的換算，可以轉換成臺灣常用的坐標系統。因此，民眾只要向救難單位報出電力坐標，救難人員就可依此坐標精準確認地點。

圖（二十四）

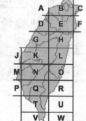

圖（二十五）

59. 位置的表示法可分為絕對位置和相對位置。上文介紹電線桿上的編號與下列何者的表示法相同？

(A) 綠島位在墾丁國家公園的東北方

(B) 彰化車站距離員林車站 15 公里

(C) 東華大學位在花蓮縣 壽豐鄉 大學路二段 1 號

(D) 臺北市政府大樓位在 101 大樓北方 300 公尺處

60. 圖（二十四）電線桿上的編號對照圖（二十五）判斷，其位在下列何處的可能性最高？

(A) 苗栗縣

(B) 桃園市

(C) 嘉義縣

(D) 雲林縣

閱讀下列選文，回答第 61 至 63 題：

> 　　知名紀錄片《看見臺灣》，以直升機空拍的創新手法拍攝，讓觀眾深受震撼與感動，許多民眾也起而效法想運用空拍機來記錄生活的點滴，使得空拍機一時成為市場上的熱銷商品。
>
> 　　空拍機自由飛行、突破地表障礙的特性雖然迷人，但最近因有民眾使用空拍機時，違反了《民用航空法》而遭到主管機關開罰，此一事件引發社會大眾關切空拍機可能侵犯隱私、失控墜落、影響飛安等問題，也凸顯現有法令尚未完備，因此各界呼籲中央政府機關應盡速通過三讀程序，修訂相關法律加以規範。

61. 文中第一段所呈現的市場變化，將最先反應在圖（二十六）中的那一區段？

　　(A) 甲　　　　　(B) 乙

　　(C) 丙　　　　　(D) 丁

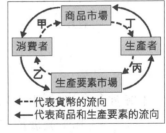

圖（二十六）

62. 關於文中遭開罰者「所應負起之責任類型」與「權利救濟方式」的搭配，下列何者正確？

　　(A) 刑事責任，聲請調解　　(B) 刑事責任，提起訴訟

　　(C) 行政責任，提起訴願　　(D) 行政責任，提出請願

63. 文末所提及的中央政府機關，其職權包括下列何者？

　　(A) 提出糾正案　　　　　(B) 提出不信任案

　　(C) 依法律推行政策　　　(D) 統一解釋法律命令

106年國中教育會考社會科試題詳解

一、單題（第 1-55 題）

1. **B**

   【解析】 台灣的新移民多來自於東南亞與中國大陸，而越南、印尼屬於東南亞國家，因此答案選 (B)。

2. **A**

   【解析】 基隆北海岸屬於「岬灣式海岸」。

   (B) 台灣西南部。

   (C) 台灣南部墾丁國家公園沿海。

   (D) 台灣東部海岸（花蓮、台東）。

3. **B**

   【解析】 荷蘭利用「填海造陸」的陸地種植牧草，並蓄養乳牛發展酪農業。

   (A) 北韓以軍火工業為主。

   (C) 泰國是著名的稻米出口國。

   (D) 挪威是漁獲產品出口國。

4. **C**

   【解析】 台灣東北部雨量豐富，明顯受到東北季風與雪山山脈造成的地形雨所致。

5. **B**

【解析】　關鍵在於「四分之一」的領土在北極圈內。

(A) 丹麥本土並不在北極圈內，但如果將格陵蘭算入的話，則全國超過一半在北極圈內，因此不符合題意。

(C) 瑞士並不在北極圈當中。

(D) 俄羅斯幅員廣大，與周圍國家皆有關係，並不只是與北歐鄰國而已。

(B) 芬蘭以冰蝕湖著稱，又稱為千湖國，是北歐國家的一員。

6. **D**

【解析】　關鍵在於「小學校」「公學校」，這是日治時期的教育機構，因此答案選 (D)。

7. **C**

【解析】　「市舶司」相當於海關，存在時間從唐代至明代。

8. **C**

【解析】　太平天國起事期間，朝廷大量啟用漢人組織軍隊平亂，並授予軍政大權。漢人的政治地位自此提升。

9. **D**

【解析】　關鍵在於「任用色目人」擔任財政官員，由此可知應該是元代。

10. **A**

【解析】 圖（四）當中提到「大清皇帝已割讓台灣及澎湖群島」，證明此時甲午戰爭已經結束，並簽署馬關條約，時空背景應該是西元 1895 年。文章是日本駐台第一任總督樺山資紀的口氣，因此答案應該是 (A)。

11. **B**

【解析】 (A) 從題幹中看不出政府（官方）的主導。
(C) 並沒有提到強勢文化逼迫弱勢文化的部分。
(D) 有多元文化交流，但是沒有融合。

12. **D**

【解析】 小婷未滿 18 歲，適用於少年事件處理法。且小婷未滿 14 歲，在刑法當中屬於無責任能力人，因此也不適用刑法。

13. **C**

【解析】 伯父是旁系血親，岳母是姻親，外婆是直系血親。

14. **B**

【解析】 略

15. **C**

【解析】 思考：為什麼是由老婆擔任洗衣服的工作？家政工作由女性成員負責已經是性別刻板印象。

16. **C**

【解析】龍門地區的含沙量上升，主要是因為黃河經過黃土高原產生了侵蝕、搬運的作用，而導致黃河的泥沙量驟升。因此答案只能選 (C)。

(A) 是泥沙量上升的結果。

(B) 造成 (D)，與本題題幹無關。

17. **C**

【解析】關鍵在於「與中亞國家貿易」、「歐亞大陸經濟整合」，因此答案只能選 (C)，理由是新疆與中亞之間緊鄰隔壁而且有歐亞大陸橋互通。

(A) 只是取得西部地區的資源挹注中國的沿海地區。

(B) 以長江的水支援華北地區。

(D) 連接中國與西藏之間，與中亞沒有關係。

18. **B**

【解析】台灣稻米的產量愈來愈低，除了國人的飲食習慣之外，另外與台灣加入 WTO 之後，集約農業不再能夠獲利，因此政府輔導原本種植稻米的農人轉型轉向「精緻農業」與「休閒農業」。

19. **B**

【解析】珊瑚礁島的海拔極低，全球暖化造成海平面上升，會使國家全境淹沒於海水之中。

20. **C**

【解析】 (A) 東沙島是珊瑚礁島；(B) 琉球嶼是珊瑚礁島；
(C) 龜山島是火山島；(D) 金門是大陸島。

21. **B**

【解析】 (A) 銅錢、(C) 鐵製農具都是十三行文化的特徵。
(D) 甲骨文是中國殷墟的特徵。

22. **D**

【解析】 清領前期的械鬥，最頻繁出現的就是祖籍之間的
械鬥。

23. **A**

【解析】 文藝復興起源於 14 世紀的義大利半島，並在 15、
16 世紀發展至歐洲其他地區。
(B) 路德教派起源於日耳曼地區。
(C) 議會政治開始於英國。
(D) 工業革命開始於英國。

24. **D**

【解析】 日本在十七世紀開始實施鎖國政策。來自東北的
民族建立新王朝指的是滿洲人建立的清帝國
（1644-1912）年。由此可知題幹說明的是 17 世
紀的時空。
(A) 1895 年；(B) 18 世紀；(C) 郭懷一抗荷雖然是
17 世紀，但並沒有導致清帝國實施海禁政策。清
帝國為了要對付鄭氏政權，實施海禁政策。

25. **C**

　【解析】 關鍵在於領主、教士、農民所組成的莊園體制，
　　　　　因此答案只能選 (C)。
　　　　　(A) 古希臘時期教士的地位並不突出。
　　　　　(B) 羅馬共和時期教士的地位並不突出。
　　　　　(D) 工業革命後的英國，中產階級應爲主要的角
　　　　　　　色。

26. **B**

　【解析】 立法院表決通過後，仍需公民複決才能通過的，
　　　　　只有「憲法修正案」、「領土變更案」、「正副總統
　　　　　罷免案」。因此答案只能選 (B)。

27. **D**

　【解析】 本題只能選擇最好的答案，因此答案是 (D)。
　　　　　中華民國的公職人員都必須具備中華民國國籍才
　　　　　能擔任，因此小瑋的父親是中華民國國籍，根據
　　　　　我國國民的資格，屬人主義優先，因此小瑋也是
　　　　　中華民國國籍無誤。

28. **B**

　【解析】 甲是薪資最高的，所以機會成本一定是次高的，
　　　　　在圖（十二）的左圖當中，乙原本是次高的，但
　　　　　到了右圖的時候，丙反而成爲次高的，因此答案
　　　　　是 (B)。

29. **D**

【解析】 監察委員通過彈劾後，該公務人員就直接送交司法院公務人員懲戒委員會審理並決定處分。

30. **D**

【解析】 （甲）屬於地方稅收

（乙）屬於中央補助

（丙）屬於自行籌措當中的特色活動

（丁）由地方設置設施，藉由設施取得財源。

31. **A**

【解析】 接近原料，基本上就是原料區位，目的在於節省運費。（丙）（丁）都屬於市場區位。

32. **B**

【解析】 關鍵在於「避暑」，中國的海南省又有「中國夏威夷」之稱，由於緯度低，全年都是熱帶季風氣候，因此很適合冬季的時候避暑。

33. **A**

【解析】 甲的位置在加州，美國東岸位於環太平洋地震帶，因此地震頻繁。

(B) (C) (D) 的侵襲範圍為北美大平原。

34. **C**

【解析】 埃及與西亞都以伊斯蘭教信仰為主，使用的語言都是阿拉伯語。

35. **A**

　　【解析】(A) 從中國出發到巴西，最短的路徑就是穿越甲
　　　　　　　（巴拿馬運河）。

　　　　　　(B) 從中國到南非無須經過乙（蘇伊士運河）。

　　　　　　(C) 從中國前往義大利，則是取道乙（蘇伊士運
　　　　　　　河）。

　　　　　　(D) 中國前往沙烏地阿拉伯，無須經過任何運河。

36. **B**

　　【解析】(A) 聯合國的組成由世界主要強國所倡議，包括
　　　　　　　美國、蘇聯、英國、法國、中華民國都有參
　　　　　　　加。

　　　　　　(C) 共產世界的瓦解是在西元 1980 年代。

　　　　　　(D) 九一一事件發生於西元 2001 年。

　　　　　　均不符合題幹所述的時間。

37. **D**

　　【解析】十八世紀的台灣仍在「清領前期」，清領前期清
　　　　　　廷在台灣的統治範圍，受限於劃界封山政策的關
　　　　　　係，實際上僅止於台灣西半部與宜蘭平原。花、
　　　　　　東地區屬於番界，並沒有增設廳縣，因此答案只
　　　　　　能選 (D)。

38. **C**

　　【解析】二十世紀初的越南是由法國殖民，答案選 (C)。

39. **D**

【解析】 關鍵在於圖（十六）當中的「滿洲建國」、「九月十八日」，都說明了民國 20 年（西元 1931 年）的九一八事件與之後（民國 21 年、西元 1932 年）滿洲國的建立。滿洲國的範圍就在今天中國的東北，而瀋陽是中國東北地區的著名城市，因此答案選 (D)。

滿洲國的存續時間是 1932 年至 1945 年。

40. **A**

【解析】 刑事案件的成案，前提就是檢察官必須對被告提起公訴，因此丙為第一順位。檢察官提起「公訴」後，交由法官審理，並且宣判（「判決」）。而被告對於法院的審判感到不服，於是可以「上訴」到高等法院。

41. **C**

【解析】 雞排的利潤是 100 (50 – 30) = 2000，而雞排的利潤是第二。

湯麵的利潤是 60 (50 – 甲) = ？，而湯麵的利潤設定為第一，必須高於雞排炒飯的利潤是乙 (50 – 10) = ？，而炒飯的利潤最低。

根據計算的結果，應該是 (C)。

42. **D**

【解析】 高雄市市民可陳情的對象包括高雄市議員與立法委員。新竹市市民可陳情的對象包括新竹市議員與立法委員。花蓮縣花蓮市可陳情的對象包括花蓮市市民代表與立法委員。因此答案只能選 (D)。直轄市議會、省轄市議會的民意代表都稱為市議員，其他的縣轄市的民意代表都稱為市民代表。

43. **D**

【解析】 (A) 依據《財政收支劃分法》，違規停車的罰鍰屬於中央收入。

(B) 鎮的行政應該由鎮民代表會監督。

(C) 鄉鎮市長的被選舉權年齡為 26 歲。

(D) 新政策的執行，在於解決街道景觀與交通安全的問題，是排除外部成本的做法。

44. **D**

【解析】 民事事件與告訴乃論刑事案件都屬於可以調解的部分，因此答案選 (D)。

(C) 以上的案件普通法院均可以受理。

45. **B**

【解析】 非洲一直是全球人口第二多的洲，而且人口正在持續增加當中。而已經成為已開發區的歐洲、北美洲，人口則因為節育觀念，而處於成長停滯的狀況。亞洲則占全球人口超過半數。

46. **D**

【解析】 從表（十一）可以初步得知，此氣候年雨量變率極大，有明顯的乾季與雨季，因此刪除全年少雨的熱帶沙漠氣候 (B) 與全年高溫多雨的熱帶雨林氣候 (C)，因此只剩下乾、濕季明顯的 (A) 溫帶地中海型氣候與 (D) 熱帶莽原型氣候。但是，表（十一）的 1 月、7 月之間的溫差並不大，推估是在低緯度地區，因此答案只能選 (D)。

47. **C**

【解析】 觀光局企圖利用廣告的方式強化日本人來台觀光的意願，提升日本人的「個人偏好」，但由於日幣貶值，能夠換到的台幣變少，因此日本人來台的意願轉趨保守，走向負成長。

48. **C**

【解析】 乙轉變成甲，就是老人的比例增加、新生兒的比例減少。長期照護、就醫接送都是針對老人的「老人經濟」。

49. **B**

【解析】 關鍵字在於「共同的貨幣」，目前各區域組織當中，也只有 (B) 歐洲聯盟發展出共同貨幣，因此答案選 (B)。

50. **D**

【解析】 題幹的重點在於「權力集中於君王」，因此只能選擇 (D)。

51. **C**

【解析】 (A) 年輕人都往外地工作，應該是推力才對。

(B) 養殖漁業屬於第一級產業。

(D) 只有老人與幼童，應該屬於隔代家庭（祖孫家庭）。

52. **B**

【解析】 1958 年至 1961 年，毛澤東推動「大躍進」政策，目的在於「超英趕美」，以土法煉鋼與人民公社為手段，但卻造成中國大陸近四千萬人口的死亡。

(A) 時間在 1950 年至 1953 年。

(C) 時間在 1966 年至 1976 年。

(D) 時間在 1989 年。

53. **A**

【解析】 亞歷山大帝國的範圍遍及歐、亞、非三洲，非洲部分佔領埃及，亞洲部分包括兩河流域、波斯、印度河流域，歐洲部分僅佔領巴爾幹半島。因此答案只能選 (A)。

羅馬帝國則同時有甲、乙、丙、丁。

54. **B**

【解析】 從題幹可以得知，這個國家在冷戰期間屬於蘇聯
為首的「共產陣營」，而從產業以蔗糖（需要濕
熱的環境）為主，可以推知這個國家位於熱帶，
因此答案只能選 (B)。

(A) 巴西屬於民主共和國。

(C) 雖然也是共產陣營，但屬於溫帶季風氣候，
無法種植蔗糖。

(D) 雖然也屬於共產陣營（1980 年代以前），但
屬於溫帶大陸性氣候，無法種植蔗糖。

55. **C**

【解析】 (B) 印加帝國的範圍只在祕魯、玻利維亞等南美洲
地區，並沒有擴及到墨西哥。題幹當中所述的範
圍包括中南美洲各地，包括墨西哥城（目前墨西
哥的首都）、多明尼加共和國、瓜地馬拉等。地理
大發現時，西班牙征服了全部的中南美洲（除巴
西被葡萄牙佔領之外），因此答案應該是 (C)。

二、**題組**（第 56-63 題）

56-58 為題組

56. **C**

【解析】 17 世紀以來受到荷蘭的殖民，意思是受到荷蘭長
期殖民，而東印度群島（丙）則符合這個條件。

（甲）是台灣，台灣僅在 1624 到 1662 年短時間受到荷蘭的殖民。（乙）是呂宋，在 16 世紀到 19 世紀受到西班牙殖民，20 世紀受到美國殖民，最後獨立。（丁）是越南，原本是中國的藩屬，但在中法越南戰爭後，成爲法國的殖民地。

57. **D**

【解析】　德國與義大利在戰間期（1919 至 1939）與第二次世界大戰期間（1939 至 1945）都屬於軸心國陣營，其意識形態爲極端民族主義（德國納粹黨與義大利法西斯黨）。

(A) 戰間期時的美國奉行孤立主義，保持中立姿態，不願意捲入戰爭。

(B) 蘇聯主張共產主義，是軸心國陣營意識形態上的敵對對象（軸心國又稱反共軸心，以反共爲號召）。

58. **D**

【解析】　自我實現需求等於自我理想的實現。

<u>59-60 爲題組</u>

59. **C**

【解析】　(A) (B) (D) 都是相對位置，(C) 是絕對位置。

相對位置的定義在於，表示一個位置的存在，需要用另一個位置及方位或距離來輔助表示。

絕對位置是自己的資訊就能夠表示位置的所在，而毋需藉由其他位置。

60. **A**

【解析】 參照題目所提供的圖片,並對照台灣的行政區大概位置。桃園市是 B。嘉義縣是 K、N。雲林縣是 K。

61-63 為題組

61. **A**

【解析】 消費者開始願意花錢「購買」空拍機,因此答案是 (A) 甲。

62. **C**

【解析】 違反《民用航空法》屬於違規行為,並非違法行為(因為法律還不完備),因此只能以行政責任追究。違規者受到行政處分後,依權利救濟的程序,應該先向原處分機關之上級提出訴願。訴願與請願最大的不同,在於訴願是「被處分者」針對有爭議的行政處分所提出的權利救濟程序,而請願是任何人都可以針對任何議題提出的請求。

63. **B**

【解析】 立法院的職權包括修訂法律、對行政院長提出不信任案、審核預算、對行政院的施政報告提出質詢……等。

(A) 監察院;(C) 行政院;(D) 司法院。

106年度國中教育會考
社會科公佈答案

題　號	答　案	題　號	答　案	題　號	答　案
1	B	22	D	43	D
2	A	23	A	44	D
3	B	24	D	45	B
4	C	25	C	46	D
5	B	26	B	47	C
6	D	27	D	48	C
7	C	28	B	49	B
8	C	29	D	50	D
9	D	30	D	51	C
10	A	31	A	52	B
11	B	32	B	53	A
12	D	33	A	54	B
13	C	34	C	55	C
14	B	35	A	56	C
15	C	36	B	57	D
16	C	37	D	58	D
17	C	38	C	59	C
18	B	39	D	60	A
19	B	40	A	61	A
20	C	41	C	62	C
21	B	42	D	63	B

106 年國中教育會考自然科試題

1. 圖（一）爲地面天氣簡圖，圖中經過臺灣的線條，其所代表的
數值與單位爲下列何者？
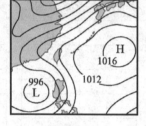
(A) 1004 百帕 (hPa)
(B) 1008 百帕 (hPa)
(C) 1004 公分水銀柱 (cm-Hg)
(D) 1008 公分水銀柱 (cm-Hg)

圖（一）

2. 表（一）爲生活在南極的動物及其食物來源，根據此表判斷，
下列有關這些動物之間交互關係的敘述，何者最合理？
(A) 虎鯨和藍鯨爲捕食關係
(B) 虎鯨和藍鯨爲競爭關係
(C) 帝王企鵝和阿德列企鵝
爲捕食關係
(D) 帝王企鵝和阿德列企鵝
爲競爭關係

表（一）

動物名稱	食物來源
虎鯨	藍鯨、海豹
藍鯨	磷蝦
帝王企鵝	小魚、烏賊
阿德列企鵝	磷蝦

3. 已知一地區的某種蝸牛其外殼有深色及淺色之分。在此地區無
論是陰暗的石頭縫處或明亮的草地處皆可發現此種蝸牛，且此
地區有一種以此蝸牛爲食的天敵。阿泰調查了此種蝸牛在兩處
的數量後作圖，並據此推論出該天敵主要是利用視覺捕食蝸
牛，下列何者最可能是他的調查結果？

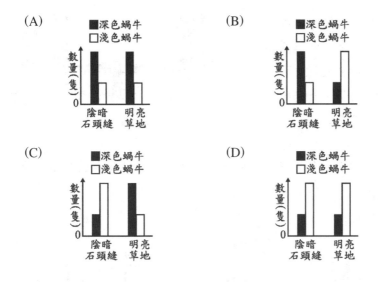

4. 圖（二）為對兩塊銅塊分別進行甲和乙兩種操作的示意圖，關於這兩種操作造成外觀上的改變是否為化學變化，下列判斷何者正確？

(A) 兩種都是

(B) 兩種都不是

(C) 只有甲操作是

(D) 只有乙操作是

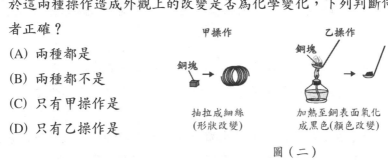

圖（二）

5. 爸爸帶著兒子與女兒到公園玩蹺蹺板，三人所坐的位置如圖（三）所示，爸爸、兒子、女兒的體重分別為 75 kgw、20 kgw、25 kgw。此時「爸爸的體重使蹺蹺板產生的力矩大小」大於「兒子與女兒的體重使蹺蹺板產生的力矩大小和」，蹺蹺板將倒向爸爸那一端，若他們希望減少兩邊力矩的差距，則下列調整位置的方式，哪一個可能達到他們的目的？

(A) 爸爸換到位置甲

(B) 兒子換到位置乙

(C) 女兒換到位置乙

(D) 兒子、女兒的位
　　置互換

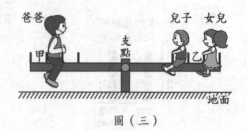

圖（三）

6. 圖（四）為某實驗器材的三種使用方法，哪幾種使用方法<u>不恰當</u>？

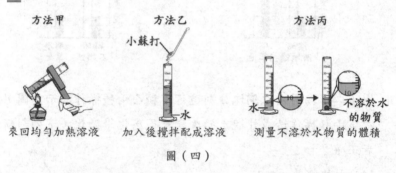

方法甲	方法乙	方法丙
來回均勻加熱溶液	加入後攪拌配成溶液	測量不溶於水物質的體積

圖（四）

(A) 方法甲和方法乙　　　　　(B) 方法甲和方法丙

(C) 方法乙和方法丙　　　　　(D) 三種方法都不恰當

7. 圖（五）為去汙作用的步驟示意圖，下列哪一個反應可以產生
與圖中物質甲相同
功能的產物？

(A) 乙醇＋乙酸 →

(B) 碳酸鈣＋鹽酸 →

(C) 油脂＋氫氧化鈉 →

(D) 硫酸＋氫氧化鈉 →

圖（五）

8. 以導線連接五個燈座與一個電池，形成一個電路，然後將甲、
   乙、丙、丁、戊五個燈泡裝入燈座，如圖（六）所示。今圖中
   燈泡甲因燒毀而發生斷路，導
   致其他燈泡都不亮。已知將燈
   泡甲跟某一燈泡更換安裝位置
   後，未燒毀的四個燈泡均可再
   次發亮，則燈泡甲應與下列哪
   一燈泡互換位置？

   圖（六）

   (A) 乙　　　　(B) 丙　　　　(C) 丁　　　　(D) 戊

9. 已知某種動物在同一個體中可產生卵及精子，但在繁殖時，仍
   需要與不同個體交換精子後，才能受精並產生子代。下列關於
   此種動物生殖及子代的相關敘述，何者最合理？
   (A) 生殖方式屬於無性生殖
   (B) 子代不具有生殖的能力
   (C) 子代具有親代的部分特徵
   (D) 子代行減數分裂增加體細胞

10. 已知某植物的種子顏色是由一對等位基因所控制，黃色為顯
    性，綠色為隱性。小霖記錄了四組親代的表現型並預測其子
    代可能出現的表現型，整理成表（二）。在不考慮突變的情
    況下，表中哪一組子
    代的預測最不合理？

    表（二）

組別	親代表現型	子代表現型的預測
甲	黃色×黃色	綠色
乙	綠色×綠色	黃色
丙	黃色×綠色	綠色
丁	綠色×黃色	黃色

    (A) 甲
    (B) 乙
    (C) 丙
    (D) 丁

11. 三葉蟲有許多不同的種類,圖(七)為甲、乙、丙、丁四種三葉蟲的生存年代,圖中黑色長條代表該三葉蟲生存的地質年代範圍。若有某地層是在寒武紀時沉積形成,且含有三葉蟲化石,則下列對此地層的推論何者最合理?

(A) 只會有甲種的三葉蟲化石

(B) 只會有乙種的三葉蟲化石

(C) 不會有丙種的三葉蟲化石

(D) 不會有丁種的三葉蟲化石

📖 紀為代之下更細分的年代單位

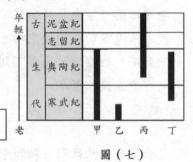

圖(七)

12. 某雙子葉木本植物的莖具有樹皮及木材等構造,如圖(八)所示。下列何者為圖中標示 * 處的主要功能?

(A) 運輸養分

(B) 運輸水分

(C) 細胞分裂

(D) 光合作用

圖(八)

13. 阿凱於某地收集雨水,並在 25℃ 的環境下以不同的試紙測試雨水的酸鹼性,下列哪一種試紙的顏色變化情形,最可能是說明「此地雨水的 pH 值小於 5.0」的理由之一?

(A) 藍色石蕊試紙變成紅色

(B) 紅色石蕊試紙變成藍色

(C) 藍色氯化亞鈷試紙變成粉紅色

(D) 粉紅色氯化亞鈷試紙變成藍色

14. 圖（九）為<u>阿謙</u>進行實驗的步驟圖：

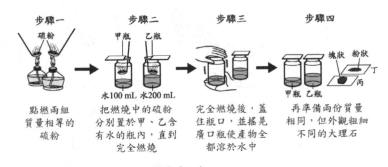

步驟一　　　步驟二　　　步驟三　　　步驟四

點燃兩組質量相等的硫粉

把燃燒中的硫粉分別置於甲、乙含有水的瓶內，直到完全燃燒

完全燃燒後，蓋住瓶口，並搖晃廣口瓶使產物全都溶於水中

再準備兩份質量相同，但外觀粗細不同的大理石

圖（九）

假設實驗過程中，硫粉燃燒後產生的氣體沒有散失，則步驟四完成後，分別取其中一瓶溶液與其中一份大理石反應，反應初期何種組合其冒泡的速率最快？

(A) 甲瓶溶液和丙 　　　　(B) 甲瓶溶液和丁

(C) 乙瓶溶液和丙 　　　　(D) 乙瓶溶液和丁

15. 表（三）為四種物質在一大氣壓下的熔點及沸點。在一大氣壓下，下列何者的溫度最高？

(A) 液態的鐵 　　(B) 液態的氮
(C) 固態的水 　　(D) 固態的鋁

表（三）

	熔點（℃）	沸點（℃）
鐵	1535	2750
氮	−210	−196
水	0	100
鋁	660	2467

16. 一河川在甲、乙兩地設有碼頭，位置如圖（十）所示，圖（十一）是某日甲地受潮汐影響的水位高度與時間關係圖。乙地的水位高度與時間關係變化趨勢與甲地相同，但乙地的潮汐時間較甲地晚 30 分鐘，且受限於河床地形，船隻僅能在一天中水位較高的連續四小時內，安全進出乙地的碼頭。推測下列何者最可能是該日可安全進出乙地碼頭的時間範圍？

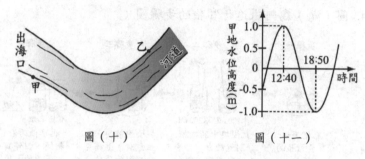

圖（十）　　　　　　　　　　圖（十一）

(A) 8:40～12:40　　　　　(B) 11:10～15:10

(C) 17:20～21:20　　　　　(D) 18:50～22:50

17. 下列何者與地球間的直線距離最遠？

(A) 太陽　　　　　　　　　(B) 海王星

(C) 哈雷彗星　　　　　　　(D) 銀河系中心

18. 表（四）為甲細胞和乙細胞內有無兩種特定生理作用的比較。根據此表推測甲、乙細胞內特定構造的有無，下列敘述何者最合理？

表（四）

	葡萄糖＋氧氣 → 水＋二氧化碳	水＋二氧化碳 → 葡萄糖＋氧氣＋水
甲細胞	有	無
乙細胞	有	有

(A) 僅甲細胞含有粒線體　　　(B) 僅甲細胞含有葉綠體

(C) 僅乙細胞含有粒線體　　　(D) 僅乙細胞含有葉綠體

19. 雅婷和怡君分別對牛頓第一運動定律提出自己的見解，其敘述如下：

雅婷：若靜止的物體不受外力作用，則此物體會一直維持靜止。

怡君：若運動中的物體所受合力為零，則此物體會一直作等速度運動。

關於兩人的敘述下列何者正確？

(A) 兩人均合理　　　　　　(B) 兩人均不合理

(C) 只有雅婷合理　　　　　(D) 只有怡君合理

20. 小安進行電解水的反應，其實驗如圖（十二）所示，在正極產生 8 公克的氣體 X。若氣體 X 全部由電解水的反應產生，則消耗的水為多少莫耳？（氫、氧的原子量分別為 1、16）

溶有少量
氫氧化鈉的水

圖（十二）

(A) 0.25　　　　　(B) 0.5

(C) 1　　　　　　(D) 4

21. 如圖（十三）所示，在白光的照射下，阿舍所看見圖卡中藍色、紅色、綠色、白色部分的面積分別為 8 cm²、4 cm²、2 cm²、2 cm²。用下列哪一種顏色的光照射圖卡，阿舍最可能看見黑色部分的面積為 10 cm²？

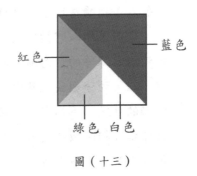

紅色

藍色

綠色　白色

圖（十三）

(A) 紅光　　　　(B) 藍光

(C) 綠光　　　　(D) 白光

22. 製造硫酸的過程如下：

階段一：硫與氧氣燃燒產生二氧化硫

階段二：利用催化劑使二氧化硫與氧氣反應產生三氧化硫

再經由後續反應生成硫酸。

上述兩階段反應中的還原劑分別為下列何者？

(A) 階段一為 O_2，階段二為 O_2

(B) 階段一為 S，階段二為 SO_2

(C) 階段一為 SO_2，階段二為 O_2

(D) 階段一為 SO_2，階段二為 SO_2

23. 阿強不幸漂流到了無人島，他在觀察潮汐一段時間之後，發現每個月有兩天滿潮的水位最高。這兩天的月相，可能是滿月或是整天都看不到月亮，且為乘坐木筏離開的最好時機，因此他在某個滿月的日子開始製作木筏。若阿強用了 7 天做好木筏，只要等到有上述滿潮水位最高的日子就能離開，則他最快要再等大約多久才可離開？

(A) 完工當天　　(B) 7 天　　　　(C) 15 天　　　　(D) 21 天

24. 一般人手指觸電後會立刻縮手，也會感覺疼痛而趕緊甩手。圖（十四）為人體指尖觸電時神經訊息傳導的示意圖，圖中甲、乙、丙分別為訊息傳導所經過的神經，下列有關此訊息傳導路徑相關敘述與所對應的神經之配對，何者最合理？

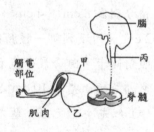

圖（十四）

(A) 觸電後立刻縮手—甲、乙

(B) 觸電後感覺疼痛—乙、丙

(C) 受器接受刺激後傳至中樞神經—乙、丙

(D) 中樞神經發出甩手的命令後傳至動器—丙、甲

25. 表（五）是地球上甲、乙、丙三個地點的緯度，下列有關三地對流層內氣壓隨垂直高度的變化趨勢比較，何者正確？

表（五）

地點	甲	乙	丙
緯度	北緯 20°	北緯 50°	南緯 40°

(A) 僅丙的變化趨勢隨高度增加而遞減

(B) 僅甲、乙的變化趨勢隨高度增加而遞減

(C) 三地的變化趨勢皆隨著高度增加而遞減

(D) 三地的變化趨勢皆隨著高度增加而增加

26. 將臺灣在夏季時主要盛行的季風稱為甲，冬季時主要盛行的季風稱為乙，下列有關甲、乙兩者的敘述，何者最合理？

(A) 兩者常會因經過海面而挾帶水氣

(B) 甲應為東南季風，乙應為西北季風

(C) 甲主要源自於高氣壓，乙主要源自於低氣壓

(D) 臺灣西南部因位處甲、乙的迎風面，而常有明顯降雨

27. 圖（十五）為人體部分消化器官的示意圖，若老王體內的甲處發生阻塞，則下列關於他的消化及養分吸收功能，何者最可能發生？

(A) 胰液無法排至小腸內

(B) 胃液無法分解蛋白質

(C) 消化脂質的功能下降

(D) 吸收葡萄糖的功能下降

圖（十五）

28. 在無摩擦力的水平桌面上推動木塊，記錄下甲、乙、丙三組實驗中木塊的質量 (kg)、推動木塊的水平外力大小 (N)、木塊的加速度大小 (m/s^2) 於表（六），根據表中數值，推測下列選項中 X、Y、Z 所代表的物理量，哪一個合理？

(A) X：水平外力大小，
    Y：質量，
    Z：加速度大小

(B) X：水平外力大小，
    Y：加速度大小，
    Z：質量

表（四）

物理量 組別	X	Y	Z
甲	1	1	1
乙	1	2	2
丙	2	2	1

(C) X：質量，Y：加速度大小，Z：水平外力大小

(D) X：質量，Y：水平外力大小，Z：加速度大小

29. 已知化合物 X 在水中是一種強電解質。分析人員偵測只含化合物 X 的甲、乙、丙和丁四杯不同濃度的水溶液，並將化合物 X 解離出的正、負離子數目作圖，如圖（十六）所示。由圖判斷下列何者最可能是化合物 X？

(A) $CaCl_2$　　(B) $CuSO_4$

(C) Na_2SO_4　　(D) CH_3COOH

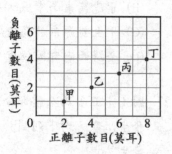

圖（十六）

30. 在一大氣壓下，甲、乙、丙三鋁塊質量分別為 $M_甲$、$M_乙$、$M_丙$，已知三者最初的溫度不同，吸收相同熱量後，到達相同的溫度，如表（七）所示。若三鋁塊在升溫過程中均為固態且無熱量散失，則 $M_甲：M_乙：M_丙$ 為下列何者？

(A) –1：1：3

(B) 1：2：3

(C) 2：3：6

(D) 3：2：1

表（七）

	甲	乙	丙
初溫（℃）	–10	10	30
末溫（℃）	50	50	50

31. 若將地表、大氣間的太陽輻射量吸收情形與途徑，以甲、乙、丙、丁表示，如表（八）所示。在近數十年的科學研究發現，下列何者的增加最有可能是溫室效應增強的最主要原因？

表（八）

代號	甲	乙	丙	丁
吸收途徑	大氣吸收的地表輻射量	大氣吸收的太陽輻射量	地表吸收的太陽輻射量	地表吸收的大氣輻射量

(A) 甲　　　　(B) 乙　　　　(C) 丙　　　　(D) 丁

32. 有一電路裝置如圖（十七）所示，銅線甲乙、丙、丁分別與相鄰銅線垂直，且均與磁場方向垂直，則關於通電時銅線在磁場中所受的磁力方向，下列何者正確？

(A) 銅線甲：向北

(B) 銅線乙：向南

(C) 銅線丙：向東

(D) 銅線丁：向北

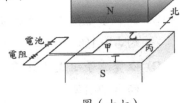

圖（十七）

33. 小翠進行如圖（十八）步驟的實驗，並根據實驗結果，以量筒中液體的質量與體積繪圖，並延伸出此液體在不同質量時與體積的關係，小翠繪製出的圖應為下列何者才正確？

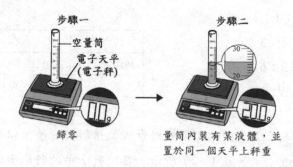

圖（十八）

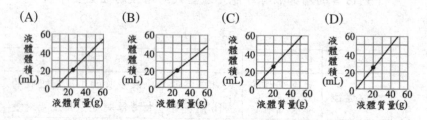

34. 圖（十九）為地球地表附近乾燥大氣的組成百分率圖，根據此圖，關於大氣氣體的組成，下列敘述何者正確？

(A) 以單原子組成的氣體分子，約占 78.1%

(B) 以雙原子組成的氣體分子，
約占 99.0%

(C) 以單原子組成的氣體分子，
約占 0.1%

(D) 以雙原子組成的氣體分子，
約占 79.1%

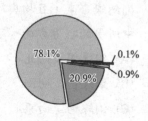

圖（十九）

35. 平靜無風的下午，在許願池上 O 點丟入一枚硬幣，使水面上產生一個圓形水波，已知圓形水波的半徑每秒增加 1 m。若丟入硬幣前，在水面上距離 O 點 1 m 及 2 m 的 P、Q 兩點，分別有一片落葉，且 O、P、Q 在同一直線上，如圖（二十）所示，

則硬幣丟入水中 3 秒後，兩片落葉的
距離約為多少？

(A) 3 m

(B) 5 m

(C) 6 m

(D) 9 m

圖（二十）

36. 圖（二十一）為人體心臟、肝臟和腎臟
　　之間血液循環的示意圖，箭頭代表血液
　　流動的方向，甲、乙、丙及丁分別代表
　　不同的血管。根據此圖的血液流動方向，
　　分別比較甲和乙、丙和丁血液中的尿素
　　濃度，下列何者最合理？

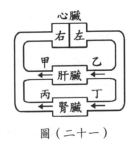

圖（二十一）

(A) 甲＜乙，丙＜丁　　　　(B) 甲＜乙，丙＞丁

(C) 甲＞乙，丙＜丁　　　　(D) 甲＞乙，丙＞丁

37. 圖（二十二）為細胞內的某兩對染色體，以
　　甲、乙、丙、丁為代號的示意圖。在正常狀
　　況下，有關細胞進行分裂與分裂時這些染色
　　體分離的敘述，下列何者正確？

圖（二十二）

(A) 若進行細胞分裂，則甲與乙必分離至不同的細胞中

(B) 若進行細胞分裂，則甲與丁必分離至不同的細胞中

(C) 若進行減數分裂，則乙與丙必分離至不同的細胞中

(D) 若進行減數分裂，則丙與丁必分離至不同的細胞中

38. 將某一食物鏈中生產者及不同階層的消費者所含之總能量繪製
　　成圖，如圖（二十三）所示。已知此食物鏈中有一種僅以種子

爲食的鳥類，則此種鳥類應屬於下列
哪一階層？

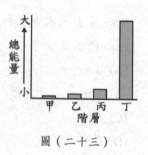

圖（二十三）

(A) 甲

(B) 乙

(C) 丙

(D) 丁

39. 小綠在某科學頻道看到全球海底地形圖，其中在大西洋中有一
綿延數千公里的海底山脈。此山脈附近最可能發現下列何者？

(A) 有海溝及地震活動　　(B) 有活躍的擠壓造山運動

(C) 地函熱對流的岩漿湧出　　(D) 地球上最古老的海洋地殼

40. 表（九）爲四個同一族元素的部分資訊，其中的甲、乙、丙、丁
四個未知數，何者的正確數值無法由表中列出的數值推論得
知？

(A) 甲

(B) 乙

(C) 丙

(D) 丁

表（九）

元素	原子序	中子數	電子數	質量數
F		甲	9	19
Cl	17	18	乙	
Br	丙	45		80
I	53	丁	53	

41. 如圖（二十四）所示，在一原長爲 10 cm 的彈簧下，吊掛一個
重量爲 600 gw 的金屬塊，靜止平衡時彈簧的全長爲 15 cm。
如圖（二十五）所示，改將此彈簧與金屬塊置於水平桌面上，
彈簧一端連接牆壁，另一端連接金屬塊，對金屬塊施予一個
大小爲 600 gw，水平向左的拉力，靜止平衡時彈簧全長爲
14 cm。已知彈簧在實驗後皆能恢復原長，若忽略彈簧質量的

影響，則此金屬塊所受桌面摩擦力的大小及方向，應為下列
何者？

(A) 40 gw，方向向左

(B) 40 gw，方向向右

(C) 120 gw，方向向左

(D) 120 gw，方向向右

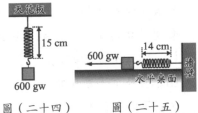

圖（二十四）　　圖（二十五）

42. 如圖（二十六）所示，一正立方體木塊，密度為 0.6 g/cm³，置
於裝有 500 mL 水的玻璃杯中，此時木塊靜止浮於水面，若在
此玻璃杯中，再加入 500 mL 的油，發現液面上升，但木塊仍
靜止浮於液面。已知油與水互不相溶，且油的密度為
0.8 g/cm³，則關於加入油前後的變化，
下列敘述何者正確？

(A) 木塊沒入液體中的體積變小

(B) 木塊沒入液體中的體積變大

(C) 木塊在液體中所受的浮力變小

(D) 木塊在液體中所受的浮力變大

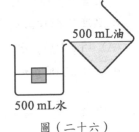

圖（二十六）

43. 若在某地垂直水平地面立起一根長度為 1 m 的旗竿，並將該地
在正午時竿影長度一年的變化情形記
錄於圖（二十七）。根據圖中資訊判
斷，該地一年中受到太陽直射的次數
以及發生的月分，下列何者正確？

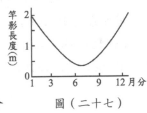

圖（二十七）

(A) 一年直射一次，該次發生在 6 月分

(B) 一年直射一次，該次發生在 12 月分

(C) 一年直射兩次，分別發生在 1 月分和 12 月分

(D) 一年中，該地並不會受到太陽的直射

44. 圖（二十八）為銀杏（學名：*Ginkgo biloba*）的示意圖，已知
　　銀杏屬於裸子植物，其種子俗稱為白果，白果及銀杏葉可用於
　　食用及環境美化。下列關於銀杏的推論，何者正確？
　　(A) *Ginkgo* 為形容詞
　　(B) 屬於單子葉植物
　　(C) 不具有果實的構造
　　(D) 白果為開花後產生

銀杏葉

白果

圖（二十八）

45. 在某一溫度下，有一杯重量百分濃度 40% 的檸檬酸水溶液
　　150 g，再加入檸檬酸 65 g 攪拌過濾，將濾紙烘乾並秤重後，
　　發現有 5 g 檸檬酸未溶解。若過程中溶液溫度均未改變，則在
　　此溫度時檸檬酸的溶解度最接近下列何者？
　　(A) 45 g/100 g 水　　　　　(B) 80 g/100 g 水
　　(C) 91 g/100 g 水　　　　　(D) 133 g/100 g 水

46. 一電路裝置如圖（二十九）所示，接通電
　　流後，甲、乙、丙三個電阻器的耗電功率
　　相等，且甲、乙、丙的電阻值分別為 $R_甲$、
　　$R_乙$、$R_丙$，若導線電阻忽略不計，則下列
　　關係式何者正確？

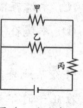

甲

乙

丙

圖（二十九）

　　(A) $R_甲 + R_乙 = R_丙$　　　　(B) $R_甲 + R_乙 = 4R_丙$
　　(C) $R_甲 = R_乙 = R_丙$　　　　(D) $R_甲 = R_乙 = 4R_丙$

請閱讀下列敘述後，回答 47～48 題

以下是<u>小明</u>閱讀某篇研究報告後所作的摘要及圖表：

　　某研究員欲探討營養素 X 和物質 Y 對大白鼠體重增加量的影響，利用一群條件相同的大白鼠，分成四組進行實驗。此研究員先測量各組大白鼠的原始重量，各組別再依實驗設計進行不同的處理，如表（十）所示；之後每週都記錄各組大白鼠的重量，再把各組每週所測得的重量和原始重量相減，即為各組的體重增加量。各組大白鼠在實驗不同週數的體重增加量，如圖（三十）所示。

表（十）

組別	實驗處理
甲	提供營養素 X；注射物質 Y
乙	提供營養素 X；未注射物質 Y
丙	未提供營養素 X；注射物質 Y
丁	未提供營養素 X；未注射物質 Y

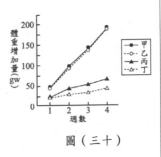

圖（三十）

47. 根據表（十），<u>小明</u>欲探討「在未提供營養素 X 時，注射物質 Y 對大白鼠體重增加量的影響」，則他應選取下列哪一組合的資料來分析？
　　(A) 甲、乙　　　(B) 甲、丙　　　(C) 乙、丁　　　(D) 丙、丁

48. 根據<u>小明</u>的摘要及圖表判斷，有關營養素 X 及物質 Y 在四週內會不會使大白鼠的體重增加量超過 100 gw 的推論，下列何者最合理？
　　(A) 營養素 X 及物質 Y 皆會　　(B) 營養素 X 及物質 Y 皆不會
　　(C) 營養素 X 會；物質 Y 不會　(D) 營養素 X 不會；物質 Y 會

請閱讀下列敘述後，回答 51～52 題：

「磺火捕魚」是僅存於臺灣北海岸金山一帶的傳統捕魚方式。漁民利用電石（主成分為碳化鈣 (CaC_2)）加水，反應產生電石氣 (C_2H_2) 和氫氧化鈣（$Ca(OH)_2$），再點燃電石氣，會產生強光，利用魚的趨光性，吸引魚群聚集，即可捕撈上船。因為點燃電石氣時會產生強光及巨響，所以此種捕魚方式也俗稱「蹦火仔」。

49. 關於文中所提到「電石氣」，應屬於下列哪一類物質？
    (A) 烴類化合物　　　　　(B) 金屬氧化物
    (C) 醇類化合物　　　　　(D) 無機化合物

50. 根據本文，磺火捕魚時以電石加水產生的反應，係數平衡後的反應式中，「兩種反應物係數之和：兩種生成物係數之和」，應為下列何者？
    (A) 1：1　　(B) 1：2　　(C) 2：1　　(D) 3：2

請閱讀下列敘述後，回答 51～52 題

圖（三十一）為小育在海邊依序拍攝的四張照片，其角落的標號表示拍攝的先後順序，四張照片均在相同位置、相同角度下拍攝，已知照片中的小威在練習投籃，騎車的阿祁，在拍攝過程中沿著欄杆旁的筆直道路作「等速度運動」。

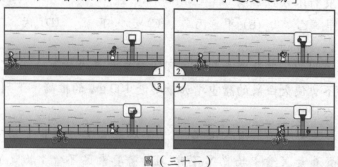

圖（三十一）

51. 假設路邊的欄杆，兩兩之間的距離均相同。拍攝照片 1 至拍攝
照片 2 之間的時間間隔為 t_1 秒，拍攝照片 2 至拍攝照片 3 之間
的時間間隔為 t_2 秒，拍攝照片 3 至拍攝照片 4 之間的時間間隔
為 t_3 秒。觀察此四張照片，推測 t_1、t_2、t_3 之間的大小關係為
下列何者？
(A) $t_1 > t_2 > t_3$ 　　　　(B) $t_1 = t_2 < t_3$
(C) $t_1 = t_2 = t_3$ 　　　　(D) $t_1 < t_2 < t_3$

52. 觀察照片右方<u>小威</u>所投出的籃球，在哪兩張照片中，籃球相對
於水平地面的重力位能是相等的？
(A) 照片 1 及照片 2 　　　(B) 照片 2 及照片 3
(C) 照片 3 及照片 4 　　　(D) 照片 4 及照片 1

請閱讀下列敘述後，回答 53～54 題

圖（三十二）為某地的斷層與地震測站示意圖，★ 代表
某次地震發生時的震央位置，粗黑線則是地震後地表發現的
斷層破裂位置，甲、乙、丙、丁為四個地震測站。已知此四
個地震測站與震央皆位於
同一直線上，且地震發生
時，四個地震測站中有三
個地震測站感受到明顯搖
晃，而另一個地震測站雖
有儀器紀錄，但搖晃程度很小。

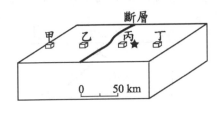

圖（三十二）

53. 若將此次地震的規模與震度資訊繪製成表格，則下列表格中的
紀錄何者最合理？

(A)

規模	6.2	
震度	甲	1 級
	乙	3 級
	丙	5 級
	丁	4 級

(B)

規模	6 級	
震度	甲	1.0
	乙	3.0
	丙	5.0
	丁	4.0

(C)

震度	6.2	
規模	甲	5 級
	乙	4 級
	丙	1 級
	丁	3 級

(D)

震度	6 級	
規模	甲	1.0
	乙	3.0
	丙	5.0
	丁	4.0

54. 為了解斷層在地下的分布與震源位置，將甲、乙、丙、丁四個測站的地下構造繪製在圖（三十三）的剖面示意圖上，下列關於斷層分布與震源位置的示意圖，何者最合理？

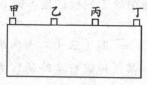

圖（三十三）

(A)

(B)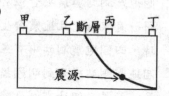

(C)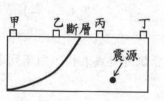

(D)

106年國中教育會考自然科試題詳解

1. **B**
   【解析】　相鄰兩等壓線的差值為 4 個百帕 (hPa)，由圖可
   　　　　　知，通過台灣的等壓線應為 1008 百帕 (hPa)。

2. **A**
   【解析】　虎鯨與藍鯨、海報的關係為捕食與被捕食。帝王
   　　　　　企鵝與阿德烈企鵝食物來源不同，非競爭與捕食
   　　　　　關係。

3. **B**
   【解析】　明亮處淺色為保護色，陰暗處黑色為保護色。故
   　　　　　明亮處淺色蝸牛數量多，陰暗處淺色蝸牛多。

4. **D**
   【解析】　甲圖是形變，為物理變化；乙圖是銅氧化為氧化
   　　　　　銅，為化學變化。

5. **B**
   【解析】　兒子往後坐，可產生更大的順時針力矩，方可能
   　　　　　使順逆力矩平衡。

6. **A**
   【解析】　甲：加熱液體用試管或燒杯，乙：配置溶液用容
   　　　　　量瓶或燒杯。

7. **C**

【解析】 油脂＋氫氧化鈉共煮可製成肥皂。

8. **B**

【解析】 丙與甲對調後，形成甲乙丁戊串聯，丙斷路。

9. **C**

【解析】 同種生物不同個體交換基因，產生子代過程稱為有性生殖，子代具有繁殖能力。體細胞利用細胞分裂產生相同體細胞。

10. **B**

【解析】 綠色為隱性等為基因，故兩綠色的隱性等位基因，不能組合成顯性的基因遺傳。

11. **C**

【解析】 寒武紀的生物，在死亡後堅硬的部分可能形成化石。丙種三葉蟲在寒武紀時，已不存在。故不能在寒武紀形成化石。

12. **B**

【解析】 樹幹中形成層往內的部分，為木質部（外韌內木），主要的功能是輸送水分。

13. **A**

【解析】 石蕊試紙酸紅鹼藍。

14. **B**

【解析】 甲瓶 [H$^+$] 較高；丁為粉狀大理石，表面積較大。

15. **A**

【解析】 因為鐵已融化，故溫度最高。

16. **B**

【解析】 由圖可知，甲地的滿潮時間為 12:40，故乙地的滿潮時間應為 13:10，因此，(B) 選項的時間，船隻可安全進出乙地碼頭。

17. **D**

【解析】 (A) (B) (C) 均為太陽系的範疇內，(D) 為銀河系中心，故與地球間的直線距離最遠應選 (D)。

18. **D**

【解析】 甲、乙皆會行呼吸作用，消耗葡萄糖與氧氣產生所需能量，故甲、乙皆有粒線體。
乙可以行光合作用製造葡萄糖，故乙有葉綠體。

19. **A**

【解析】 牛頓第一運動定律：一物體不受力，或所受合力為零時，則該物體「靜者恆靜，動者恆做等速度運動」。

20. **B**

【解析】 由消耗的水與產生的氫氧質量比為 9：1：8 得知，消耗水 9 克 = 0.5 mole。

21. **A**

【解析】 紅光照，則藍 (8 cm^2) + 綠 (2 cm^2) = 10 cm^2。

22. **B**

【解析】 (B) 1，2 階時，氧氣均為氧化劑，故 1 階硫為還原劑，2 階二氧化硫為還原劑。

23. **B**

【解析】 滿潮會出現於農曆初一及十五兩天，阿強於滿月「（農曆十五）時開始製作木筏，7 天完成木筏（農曆二十二），最快再等 7 天左右（農曆初一）即可離開。

24. **A**

【解析】 甲為感覺神經，乙為運動神經。手觸電時由脊髓發出命令，經運動神經傳遞命令。也會經由丙的傳遞，將訊息傳遞給大腦，產生痛覺。

25. **C**

【解析】 對流層內氣壓的變化與緯度無關，無論在地球何地，高度愈高氣壓愈低。

26. **A**

【解析】 (B) 臺灣夏季季風為西南季風（甲），冬季季風為東北季風（乙）；(C) 風的來源均來自於高氣壓；(D) 臺灣西南部並非處於東北季風（乙）迎風面，故不常下雨。

27. **C**

　　【解析】　膽囊與小腸的通道受阻，無法將具有乳化脂肪的膽汁注入小腸，將會影響脂肪分解與吸收。

28. **D**

　　【解析】　代入 $F = ma$ 可知，$X = m$，$Y = F$，$Z = a$。

29. **C**

　　【解析】　甲、乙、丙、丁中所含 X 化合物，其水溶液中正負離子的數目比為 $2 : 1$，故選 (C)。

30. **C**

　　【解析】　$\triangle H = mS\triangle T$。$\triangle H$ 和 S 相同，故 m 與 $\triangle T$ 反比。$M_{甲} : M_{乙} : M_{丙} = 2 : 3 : 6$。

31. **A**

　　【解析】　溫室效應的成因，主要來自於溫室氣體吸收地表向外的輻射熱，故選 (A)。

32. **C**

　　【解析】　根據右手開掌定則，各銅線受力方向為 (A) 銅線甲：向西；(B) 銅線乙：向北；(C) 銅線丙：向東；(D) 銅線丁：向南。

33. **D**

　　【解析】　液體體積為 25 mL，質量為 20 g，且圖形為通過原點的斜直線。

34. **B**

【解析】 由圖可知，雙原子組成氣體，N_2 和 O_2 約占
78.1% + 20.9% = 99.0%，故選 (B)。

35. **A**

【解析】 落葉不會隨水波前進，僅在原處上下震動，
故 PQ 之間的距離 = 2 + 1 = 3 m。

36. **C**

【解析】 肝臟將氨轉換為尿素，故尿素在肝動脈時濃度較
低，肝靜脈時濃度較高。腎將血液中的尿素過
濾，故腎動脈尿素濃度高，腎靜脈尿素濃度低。

37. **D**

【解析】 細胞分裂時，同源染色體會成對在新細胞中。減
數分裂時，同源染色體分離，故甲、乙與丙、丁
會分離在不同的新細胞中。

38. **C**

【解析】 丁為能量最多的生產者，鳥類以種子為食，為初
級消費者丙。

39 **C**

【解析】 海底山脈即為中洋脊，因此為張裂性板塊邊界，
(A)(B)(D) 均發生於聚合性板塊邊界，故選 (C)。

40. **D**

【解析】 甲 = 19 – 9 = 10，乙 = 17，丙 = 80 – 45 = 35，
丁不知質量數，所以無法推論出中子數。

41. **D**

【解析】 由圖 24 知，外力與型變量關係為 120 gw/cm。
圖 25 施力 600 gw，但形變量僅 4 cm，故減少的
形變量所對應之外力即為摩擦力，又摩擦力方向
必與物體運動趨勢方向相反，故選 (D)。

42. **B**

【解析】 物重不變，浮體浮力不變，故 $d_{液}$ 與 $V_{下}$ 反比，
故 $V_{下}$ 變大。

43. **D**

【解析】 由圖形得知，1 年 12 個月中均有竿影，故得知太
陽不會直射該地，故選 (D)。

44. **C**

【解析】 裸子植物利用毬果繁殖，不開花，且種子沒有果
實。學名中，Ginkgo 為屬名，名詞。

45. **D**

【解析】 檸檬酸：$150 \times 40\% = 60$ g，水：$150 – 60 = 90$ g，
再溶：$65 – 5 + 60 = 120$ g，
所以 120 / 90 = X g/100 g 水，
X = 133 → 溶解度為 133 g/100 g 水。

46. **D**

【解析】 甲乙為分電流，又並聯等電壓，故電阻相同，設
電流均為 1A，電阻均為 1Ω 代入 $P = I^2R$，即可得
解。

47-48 為題組

47. **D**

【解析】 操縱變因為注射物質 Y，故其餘的控制變因需相
同。

48. **C**

【解析】 甲、乙紀錄中，均有提供營養素 X，四周內大白
鼠體重增加量也均超過 100 gw，但有無注射 Y 物
質則沒有明顯差別。丙、丁紀錄中，注射 Y 物質
有些許差異，但四周內大白鼠體重增加量均未超
過 100 gw。

49-50 為題組

49. **A**

【解析】 C_2H_2 為乙炔，屬於烴類。

50. **D**

【解析】 $CaC_2 + 2 H_2O \rightarrow C_2H_2 + Ca(OH)_2$
所以反應物係數和：生成物係數和
$= (1 + 2) : (1 + 1) = 3 : 2$。

51-52 為題組

51. **D**

【解析】　令經過相鄰兩欄杆的時間為 T，根據圖示 t_1 $= 2T$，$t_2 = 3T$，t3 $= 5T$，所以 $t_1 < t_2 < t_3$。

52. **B**

【解析】　重力位能 $U_g = mgh$，同物體高度相同，相對於零位面（地面）的重力位能相同，根據圖示，照片 2、3 兩者球的高度相同。

53-54 為題組

53. **A**

【解析】　地震規模的表示為有小數點無單位，地震強度（震度）的表示為整數有單位，再依圖形判斷，震央在丙丁之間，甲地最遠，故甲地的震度最小。

54. **B**

【解析】　由上題知，震央在丙丁之間，震源即在震央正下方斷層面上，故選 (B)。

106年度國中教育會考
自然科公佈答案

題 號	答 案	題 號	答 案	題 號	答 案
1	B	19	A	37	D
2	A	20	B	38	C
3	B	21	A	39	C
4	D	22	B	40	D
5	B	23	B	41	D
6	A	24	A	42	B
7	C	25	C	43	D
8	B	26	A	44	C
9	C	27	C	45	D
10	B	28	D	46	D
11	C	29	C	47	D
12	B	30	C	48	C
13	A	31	A	49	A
14	B	32	C	50	D
15	A	33	D	51	D
16	B	34	B	52	B
17	D	35	A	53	A
18	D	36	C	54	B

106 年國中教育會考國文科試題

一、單題：(1～34題)

1. 「世間有思想的人應當先想到事情的終局，隨後著手去做。」
   這句話的涵義，與下列何者最接近？
   (A) 該歇腳時，就不要趕路
   (B) 先看好路，然後邁出腳步
   (C) 只要邁步，自能達到千里遠
   (D) 要大步前進，就得甩掉包袱

2. 「寫詩就像在幫□□造字，把每個當下拉住，所以回看舊作我
   感到不後悔，很慶幸把年輕的心情都留下來！」根據文意，句
   中□□處填入下列何者最恰當？
   (A) 文學　　　(B) 世界　　　(C) 知音　　　(D) 時間

3. 下列文句「」中的語詞，何者使用最恰當？
   (A) 這家餐廳以「無線」暢飲、「無限」上網來吸引顧客
   (B) 「身首」矯捷的他，如今竟然因車禍而「身手」異處
   (C) 放下「報仇」的想法，就是給予靈魂最大的「報酬」
   (D) 「權利」再大的人，也不能隨意侵犯他人的「權力」

4. 莎士比亞曾以三流喜劇演員為業，當時觀眾可把石子丟在他身
   上取樂。他曾寫道：「唉！這竟是真的，我曾經走遍各地，讓
   自己在世人面前穿上彩衣，割裂自己的思想，廉價出賣最貴重
   的東西。」文中「最貴重的東西」最可能是下列何者？
   (A) 才華　　　(B) 見聞　　　(C) 尊嚴　　　(D) 歡笑

5. 下列文句，何者旨在強調學習的樂趣？
   (A) 學而時習之，不亦說乎
   (B) 凡事不宜刻，若讀書則不可不刻
   (C) 不自限其昏與庸而力學不倦，自立者也
   (D) 吾材之庸，不逮人也。旦旦而學之，久而不怠焉

6. 「一般十月懷胎，吃盡辛苦，不論男女，總是骨血，何忍淹棄。爲父者你自想，若不收女，你妻從何而來？爲母者你自想，若不收女，你身從何而活？且生男未必孝順，生女未必忤逆。」這段文字主要是說明下列何者？
   (A) 父母養育子女的辛勞　　(B) 婦女懷胎十月的辛苦
   (C) 重男輕女乃不智之舉　　(D) 養兒防老乃過時觀念

7. 「獅頭山、貢丸湯雖然不能盡如我意，但意外造訪的城隍廟，熱鬧非凡，街邊隨興吃的豬血糕，分量大、糯米香，反倒有了意外驚喜。人生就是這樣吧，無心插柳的事多了，正好提供期待之外的另一番樂趣。」作者在這段文字中透露了哪一種觀點？
   (A) 美好的事物總是需要等待
   (B) 機會只留給做好準備的人
   (C) 凡事無須強求，順其自然就好
   (D) 豈能盡如人意，但求無愧我心

8. 「下列文句，何者用字最爲精簡？
   (A) 人生的際遇好比像似潮水般起起落落
   (B) 此起彼落的鳥鳴彷彿一場露天音樂會
   (C) 天空的顏色似乎像是一幅未乾的水墨畫
   (D) 串串葡萄煥發著彷若水晶一般似的光澤

9. 根據下列文字的結構說明，判斷何者是指事字？

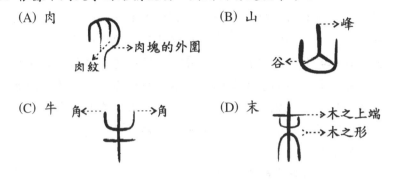

(A) 肉　　肉塊的外圍　肉紋

(B) 山　　峰　谷

(C) 牛　　角　角

(D) 末　　木之上端　木之形

10. 「秦漢之間，正體的篆字太過繁複，實際從事書寫的書吏為了記錄的快速，破圓為方，把曲線的筆畫斷開，建立漢字隸書橫平豎直的方形結構。」根據這段文字，下列表格內的敘述何者正確？

	篆字	隸書
(A)	時代較晚	時代較早
(B)	結構較簡單	結構較繁複
(C)	破圓為方	化直為曲
(D)	較不便書寫	較便於書寫

11. 「我最佩服的，便是那些喜歡開會、善於開會的人。他們在會場上總是意氣風發，滔滔雄辯，甚至獨攬話題，一再舉手發言，有時更單挑主席纏鬥不休，陷議事於瓶頸，置眾人於不顧，像唱針在溝紋裡不斷反覆，轉不過去。」關於這段文字的分析，下列敘述何者最恰當？

(A) 行文用語帶有嘲諷的風格

(B) 運用對比技巧凸顯作者的觀點

(C) 作者對在會議中滔滔雄辯的人給予肯定

(D) 作者無法忍受口吃卻老在會議中發言的人

12. 「能讓全世界都叫得出名字的<u>法國</u>歌手，大概只有香頌天后<u>伊迪絲‧琵雅芙</u>。她出身於社會底層，十五歲即在街頭賣唱維生。因此，她的歌總能真實表達社會底層百姓的心聲，引起多數人的共鳴。現在一提到香頌音樂就想到<u>法國</u>，這都歸功於<u>琵雅芙</u>。她的歌已超越音樂本身的影響力，其歌詞優美，反映時代背景，成為重要的音樂文化指標，不但風靡<u>歐　美</u>，也啟發許多後輩歌手。」這段文字主要是在強調<u>琵雅芙</u>的哪一項貢獻？

(A) 擴大香頌音樂的影響力

(B) 帶動街頭藝術的表演風氣

(C) 關懷弱勢，為底層百姓爭取福利

(D) 投身香頌音樂教育，培養後輩歌手

13. <u>曾國藩</u>自述：「早歲有志著述，自馳驅戎馬，此念久廢，然亦不敢遂置詩書於不問也。每日稍閒，則取<u>班</u>、<u>馬</u>、<u>韓</u>、<u>歐</u>[1]諸家文，舊日所酷好者，一溫習之，用此以養吾心而凝吾神。」根據這段話，下列關於<u>曾國藩</u>的說明何者最恰當？

(A) 認為養心凝神之道，就是與舊友切磋溫習詩

(B) 每日仿效<u>班</u>、<u>馬</u>、<u>韓</u>、<u>歐</u>等名家的文章來寫作

> 1. <u>班</u>、<u>馬</u>、<u>韓</u>、<u>歐</u>：指<u>班固</u>、<u>司馬遷</u>、<u>韓愈</u>、<u>歐陽脩</u>

(C) 在戎馬之際仍堅持創作，終於成就不朽的著作

(D) 即便工作繁忙，依舊趁暇閱覽詩書，修養心性

14. 「天才是不足恃的，聰明是不可靠的，順手揀來的偉大科學發明是不可想像的。」這段文字最可能是在傳達下列何者的重要性？

(A) 務實　　　(B) 機會　　　(C) 想像力　　　(D) 創造力

15. 「①冷淡是秋花，更比秋花冷淡些。②到處芙蓉供醉賞，從
他。自有幽人處士誇。③寂寞兩三苞，畫日無風也帶斜。
④一片西窗殘照裡，誰家。捲卻湘裙薄薄紗。」詞中畫線處，
何者最能表達作者不隨流俗、終能獲得賞識的想法？
(A) ①
(B) ②
(C) ③
(D) ④

16. 「友情如一罈醇酒，愈陳愈濃郁醉人。」句中以「醇酒」比
喻「友情」的恆久動人。下列文句，何者也是用具體事物來
比喻抽象概念？
(A) 沿岸的楓葉以血掌印證，船頭是水雲的故鄉
(B) 圍牆邊綻放的繁花，是造物主所設下的美麗陷阱
(C) 孤獨是一匹衰老的獸，潛伏在我亂石磊磊的心裡
(D) 那蓬鬆的髮，如天空的亂雲，把她襯托得更具風情

17.
> 　　有客語：「馬肝大毒，能殺人，故漢武帝云：『文成
> 食馬肝而死。』」迂公適聞之，發笑曰：「客誑語耳，肝
> 故在馬腹中，馬何以不死？」客戲曰：「馬無百年之壽，
> 以有肝故也。」公大悟，家有畜馬，便剮其肝，馬立斃。
> 公擲刀歎曰：「信哉，毒也。去之尚不可活，況留肝乎？」

根據這則笑話，下列敘述何者正確？
(A) 漢武帝因食馬肝而死
(B) 馬肝很毒，所以馬不長壽
(C) 迂公原本不相信客人所說的話
(D) 從迂公殺馬的結果可知客人所言不虛

18. 「豔冶之貌,代有之矣;潔朗之操,則人鮮聞。故士矜才則德薄,女衒₁色則情私。若能如執盈,如臨深,則皆為端士淑女矣。」這段文字的觀點,與下列何者最接近?

(A) 端士淑女應才色兼備

(B) 人宜謹飭德操,莫炫耀才色

(C) 美貌女子與高潔端士均屬少見

(D) 端士不近美色,淑女不矜才德

> 📖
> 1. 衒:炫示、誇耀

19. 「在國內的醫療系統,所謂的安寧照護還是偏重於生理層面□如何讓一個人在生病與往生過程中不要受到太多生理折磨。然而,一個即將往生□面臨生命最後一段歲月的人,他們的心理狀態是如何?我們如何從身心靈成長的角度幫助這樣的人?這種心理層面上的考慮更是必要。」這段文字□中的標點符號,依序填入下列何者最恰當?

(A) …… ,　　　　　　(B) ── 、

(C) ; ──　　　　　　(D) 。 :

20. 下列文句,何者用字完全正確?

(A) 這款保養品的效果極佳,才剛上市,名聲便不逕而走

(B) 實驗已接近完成,卻因一時疏忽而功虧一簣,令人惋惜

(C) 廢寢忘食地苦練後,他的演出果然不同反響,贏得滿堂喝采

(D) 昏睡中的乘客面對電車突如奇來的警鈴聲,一時間有些不知所措

21. 「文學雖然具有普遍性,但因讀者體驗的不同而有變化,讀者尚若沒有類似的體驗,它也就失去了效力。」根據這句話,作者認為文學的普遍性要有效力,前提最可能是下列何者?

(A) 讀者的體驗各自不同　　(B) 讀者的分布普及各階層

(C) 讀者有類似於作品的經驗　(D) 讀者與作者有相同的喜好

22. 周老師在黑板上寫道：「天下沒有一個人從不羨慕別人，只有少數人從沒被別人羨慕過。」她請學生以圖表來表示這句話，下列哪一張圖表最恰當？

(A)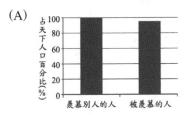

(B)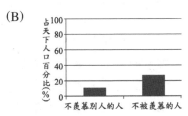

(C)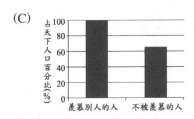

(D)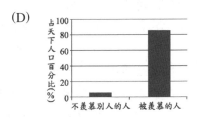

23.

> 　　唐宣宗時，相國令狐綯以故事訪於溫岐，對以「其事出《南華》₁。」且曰：「非僻書也。或冀相公燮理₂之暇，時宜覽古。」綯怒。

根據這段文字，下列敘述何者正確？

📖
1.《南華》：指《莊子》
2. 燮理：治理國事

(A) 令狐綯向溫岐求問無解，故勃然大怒

(B) 令狐綯因施政遇到困難，找溫岐商量

(C) 溫岐回答問題後，勸令狐綯要多讀書

(D) 溫岐以《南華》中的故事指正令狐綯

24. 臺北的王小姐要以右列信封寄信給高雄的陳
先生，其中格式有誤，下列修改何者正確？
(A) 郵票應貼在信封右上角
(B) 左右欄書寫的地址應對調
(C) 左欄的「王緘」二字應改為「王寄」
(D) 中欄的啓封詞「大啓」應改為「敬啓」

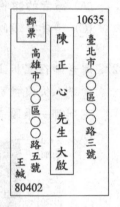

25. 下列文句中的「如」字，何者與「如期完
成」的「如」字意思相同？
(A) 坐須臾，沛公起「如」廁
(B) 弗如也！吾與汝弗「如」也
(C) 朝與下大夫言，侃侃「如」也
(D) 有不「如」法者，以付廷尉，依律治之

26. 蘇東坡自述：「自今日以往，不過一爵一肉。有尊客，盛饌則
三之，可損不可增。有召我者，預以此先之，主人不從而過是
者，乃止。一曰安分以養福，二曰寬胃以養氣，三曰省費以養
財。」根據這段文字，下列何者最符合東坡的飲食原則？
(A) 對己待客，飲食皆須有所節制
(B) 招待尊客，最少須準備三道盛饌
(C) 受邀作客時，抱持客隨主便的態度
(D) 宴請賓客前，必先告知自家飲食原則

27. 下列文句，何者有語病？
(A) 車子駛向這塊久別之地，我不禁有近鄉情怯之感
(B) 昂首望去，眼前是一片萬丈深淵，令人心生畏懼
(C) 忙碌的現代人無暇尋幽訪勝，更不可能遁跡深山
(D) 黑暗中，漫長的靜默裡，父親長長地嘆了一口氣

28. 下列選項「」中的字，何者讀音前後相同？
    (A) 青雲直「上」／平「上」去入
    (B) 個性倔「強」／「強」弩之末
    (C) 「伺」機而動／茶水「伺」候
    (D) 不堪負「荷」／「荷」槍實彈

29. 下列詩句前後兩句的關係，何者說明正確？
    (A) 美酒飲教微醉後，好花看到半開時 —— 前句為因，後句
        為果
    (B) 戲掬清泉灑蕉葉，兒童誤認雨聲來 —— 前句泉灑蕉葉的
        假設引發後句的雨聲
    (C) 書冊埋頭無了日，不如拋卻去尋春 —— 將前句的讀書與
        後句的尋春互作比較
    (D) 梅須遜雪三分白，雪卻輸梅一段香 —— 前句由梅至雪，
        後句由雪至香，層層遞進

30. 右列是某小說中的謎語，其中哪
    一句未使用代詞？
    (A) 古老智慧之謎可解於此
    (B) 力助吾輩保伊全家團圓
    (C) 聖殿騎士之碑是為關鍵
    (D) 阿特巴希為汝真相展現

31. 「我曾經踮起腳尖遠望，結果遠不如登上高處看得廣；我登上
    高處向人招手，胳臂並沒有加長，但遠處的人也能看得見；順
    著風呼喊，聲音沒有更加激昂，但聽的人卻能聽得很清楚。因
    此，在學習的道路上，要_____。」文中畫
    線處最適合填入下列何者？

(A) 善用周遭資源，以收事半功倍之效

(B) 立定遠大目標，確立人生未來方向

(C) 勇於多方嘗試，才能激發自我潛能

(D) 慎選學習夥伴，以免日後誤入歧途

32. 「桃符仰視艾人而罵曰：『汝何等草芥，輒居我上？』艾人俯而應曰：『自元日至端午以來，汝已半截入土，猶爭高下乎？』桃符怒，往復紛然不已。門神解之曰：『吾輩不肖，方傍人門戶，何暇爭閒氣耶？』」根據這段文字，下列敘述何者正確？

(A) 艾人以「半截入土」暗譏桃符有過時之嫌

(B) 門神指責桃符愛爭閒氣，所以只能傍人門戶

(C) 三者位置由高而低依序是：門神、桃符、艾人

(D) 桃符與艾人為了元日、端午的重要性而爭吵不休

33. 「以往許多民生用品都以農作物製成，取之於大自然，還之於大自然，不會造成地球負擔、環境汙染。若更用心研發，一定可以製作得更精良、推廣得更普及。很可惜在工業產品的衝擊下，這些用品一一被取代而消失。」根據這段文字，下列何者最符合作者的觀點？

(A) 近代快速工業化導致農作物大量消失

(B) 用心研發的農作物不會造成地球負擔

(C) 以農作物製成的產品較工業產品更為精良

(D) 將農作物轉加利用更能夠保護我們的地球

34. 下列文句，何者詞語使用正確？

(A) 放學後學生們各自返家，殊途同歸

(B) 母親過世後，她傷心欲絕，如喪考妣

(C) 她對這次的展覽品如數家珍，十分熟悉

(D) 這對雙胞胎謙和有禮，情同手足，令人稱羨

二、題組：（35～48 題）

請閱讀以下短文，並回答 35～36 題：

> 　　有些科學家提出「獵人與農夫」的理論，認為 ADHD 者（注意力缺失的過動兒）其實沒有毛病，只是生錯了時空。現在所謂注意力缺失者的特徵 —— 容易分心、衝動、冒險性強，其實是遠古打獵採集時生存必要的特徵。當人類進化到農業社會以後，這些特徵才變得格格不入。也就是說，他們是「獵人」，但是要在「農夫」的社會裡討生活，往往會被視為異類。
>
> 　　這個理論認為，一萬二千年前，人類走向農業生活開始定居下來後，環境的改變使得過去的長處變成現在的短處。在遠古時代，如果不眼觀四面，耳聽八方，早就被其他動物吃掉了，不可能成為我們的祖先；如果事情發生不馬上採取行動，而是三思而後行的話，也只能變成別人的晚餐，活不到成為我們的祖先。
>
> 　　而現在學者又把 ADHD 者叫做有<u>愛迪生</u>基因者，他們的特徵是：思想跳躍、容易分心、精力旺盛、沒有條理、不耐煩、易衝動、很外向、敢冒險、會發明、有創造力，而且通常還有領袖魅力。
>
> 　　他們注意力很短暫，但對感興趣的事物可以專注很久，這不是和獵人要一直不停搜索四周，一旦發現獵物就馬上集中注意力然後追蹤下去相同嗎？他們組織力不強，沒有條理，很衝動，想到什麼做什麼 —— 獵人不就是看到獵物得馬上拔腿就追嗎？他們沒有時間觀念，不知道做一件事需要花多少時間 —— 這其實是表示有彈性，一個人的心意如果隨時可變，那就不需要知道時間。他們容易不耐煩，不能聽從老師的指示 —— 這其實是獵人獨立行事的特性。

上述的理論與觀點尚待可靠證據支持，但如果我們願意換一個角度來看 ADHD 者，他們可能並沒有毛病，只是現在教育制度的限制，未必符合他們的天性罷了。

—— 改寫自洪蘭《理應外合・獵人與農夫》

35. 下列對於 ADHD 者的敘述，何者最符合作者原意？
 (A) 發明家往往是 ADHD 者
 (B) 不宜以異類眼光看待 ADHD 者
 (C) ADHD 者擁有比一般人優秀的基因
 (D) 缺乏打獵機會是現代 ADHD 者的悲哀

36. 下列敘述，何者與本文內涵最不相關？
 (A) 強調現代人應培養多元能力，以順應社會趨勢
 (B) 推測 ADHD 者的特徵可上溯自遠古人類的行為
 (C) 引述學者意見，說明注意力缺失者的行為特徵
 (D) 呼籲教育者應以寬廣的視角引領孩子適性發展

請閱讀以下短文，並回答 37～38 題：

在父親與族人的注視之下，年輕的莫那魯道，靜靜躺在自己家中的地面上。他不說一語，態度宛如岩石一般沉靜，更像是和整個大地融為一體。他身上蓋著苧麻編織成的白色毯子，一直覆蓋到脖子的下方。那毯子上面如同晚霞一般美麗的紅色圖騰，正是母親親手編織而成的傑作。

在流動緩慢的時間裡，莫那試著讓自己的呼吸不要因紋面儀式到來而變得急促。但當他從仰視的視野看著滿臉皺紋的老嬤嬤將紋面工具一一放在自己左耳附近時，他的心，仍像是大雨過後的溪流，有種難以抑止的澎湃。

　　對賽德克族而言，紋面，是一個人生命中最重要的一個儀式。每個賽德克族新出生的生命，不管男女，在年幼時都會在額頭上刺上額紋。

　　那是一種「生命」的表徵，也代表著祖靈的眷顧，用以保護他們長大。但是只刺上額紋的人，並還不能獲得成為一個賽德克‧巴萊──「真正的人」的資格。

　　要成為賽德克‧巴萊，賽德克族的男子必須要有精湛的狩獵技巧，並且成功出草獵回人頭之後，才能在頭目的見證之下，於下巴紋上代表成年的頤紋。至於女子得以紋面的資格，則是必須努力學習有關編織的知識與技術，從採麻、搓麻、織布到縫衣都必須精通，等到有一天她織布的技巧獲得部落長老的認同之後，才能於臉頰兩側刺上頰紋。

　　對賽德克族人而言，只有臉上有刺紋的人，才能結婚擁有後代；臉上沒有刺紋的人，將永遠被視為小孩，永遠被譏笑，將來死後也不能通過彩虹橋去見祖靈。

　　可以說，沒有紋面對於一個賽德克族人而言，是一種最羞恥的墮落。

　　　　　　　　　　　　──改寫自魏德聖《賽德克‧巴萊》

37. 根據本文，莫那魯道在接受紋面前，心情有種難以抑止的澎湃，其原因最不可能為下列何者？
　　(A) 通過種種考驗之後的欣慰
　　(B) 即將成為勇士的興奮感受
　　(C) 為即將執行出草任務而期待
　　(D) 將承擔部落重任而覺得驕傲

38. 根據本文，下列敘述何者正確？

    (A) 在賽德克族內，男女戀愛及婚嫁須經過頭目的准許

    (B) 賽德克族人的額紋，象徵著生命的至高尊嚴與榮耀

    (C) 已屆婚齡卻不結婚的賽德克‧巴萊，被視為一種恥辱

    (D) 女性想成為賽德克‧巴萊，須精通編織的知識與技術

請閱讀以下短文，並回答 39～40 題：

> 從建安[1]時期開始，文人多數是在朝做侍從供奉，或在外作一薄官，或靠府主為生。這個情形，到了唐代更甚。唐代的社會是貴族的社會，唐代的政治掌握在門閥手中。中唐以來，地方割據的勢力瓜分朝廷的政權，各節度使又每成一個小朝廷，能養清客。這時候的書生多出身於清門，他們卻多在華貴的社會中作客，譬如：李白只是朝中權貴的客，杜甫只是地方節度使的客。中、晚唐詩人的作客生活尤其表顯這情形，直至五代不曾改。經五代之亂，世族社會式微，到了北宋以後，文人每以射策[2]登朝，致身將相，所以文風從此一變，直陳其事，求以理勝者多。詩風從此一變，以作散文的手段作詩，而直說自己的話。以前讀書人和統治者並非一事，現在差不多是一類了；以前的詩人寄居在別人的社會中，現在可以過自己的生活了；以前詩人說話要投別人的興趣，現在可以直說自己的話了。總而言之，以前的詩多是文飾其外，現在的詩可以發揮其中了。以前是客，現在是主了。社會組織之變遷影響及於文人的生活，文人的生活影響及於文章之風氣。
>
> ──改寫自傅斯年〈文人的職業〉

39. 根據本文，讀書人與統治者的關
係，下列敘述何者正確？

　　(A) 建安文人多數成爲有權的府主

　　(B) 中唐文人多在華貴階級中作客

　　(C) 五代文人以文章推翻世族社會

　　(D) 北宋文人以寫詩晉身統治階層

> 📖
> 1. 建安：東漢 獻帝的年號
> 2. 射策：宋代科舉時，考生針對皇帝的策問，提出應對之方略

40. 關於本文的寫作手法，下列敘述何者正確？

　　(A) 以唐和五代文人做對比，凸顯唐代文人的風骨

　　(B) 透過細膩的空間描寫，以呈現社會組織的變遷

　　(C) 援引李白、杜甫爲例，説明科舉與文人的關係

　　(D) 按歷史朝代先後次序進行論述，鋪陳文章主旨

請閱讀以下短文，並回答 41～42 題：

　　多麼奇特的關係啊！如果我們是好友，我們會彼此探問，打電話、發簡訊、寫電郵、相約見面，表達關懷。如果我們是情人，我們會朝思暮想，會噓寒問暖，會百般牽掛，因爲，情人之間是一種如膠似漆的黏合。如果我們是夫妻，只要不是怨偶，我們會朝夕相處，會耳提面命，會如影隨形，會爭吵，會和好，會把彼此的命運緊緊纏繞。

　　但我們不是。我們不會跟好友一樣殷勤探問，不會跟情人一樣常相廝磨，不會跟夫婦一樣同船共渡。所謂兄弟，就是家常日子平淡過，各自有各自的工作和生活，各自做各自的抉擇和承受。我們聚首，通常不是爲了彼此，而是爲了父親或母親。聚首時即使促膝而坐，也不必然會談心。即使談心，也不必然有所企求——自己的抉擇，只有自己能承受，在我們這個年齡，已經了然在心。有時候，我們問：母親也走了以後，你我

還會這樣相聚嗎？我們會不會，像風中轉蓬一樣，各自滾向渺茫，相忘於人生的荒漠？

然而，又不那麼簡單，因為，和這個世界上所有其他的人都不一樣，我們從彼此的容顏裡看得見當初。我們清楚地記得彼此的兒時——老榕樹上的刻字、日本房子的紙窗、雨打在鐵皮上咚咚的聲音、夏夜裡的螢火蟲、父親念古書的聲音、母親快樂的笑、成長過程裡一點一滴的羞辱、挫折、榮耀和幸福。有一段初始的生命，全世界只有這幾個人知道，譬如你的小名，或者，你在哪棵樹上折斷了手。

南美洲有一種樹，雨樹，樹冠巨大圓滿如罩鐘，從樹冠一端到另一端可以有三十公尺之遙。陰天或夜間，細葉合攏，雨，直直自葉隙落下，所以樹冠雖巨大且密，樹底的小草，卻茵茵然蔥綠。兄弟，不是永不交叉的鐵軌，倒像同株雨樹上的枝葉，雖然隔開三十公尺，但是同樹同根，日開夜闔，看同一場雨直直落地，與樹雨共老，挺好的。

—— 改寫自龍應台〈共老〉

41. 下列針對手足關係的描述，何者最符合本文的觀點？
    (A) 兄弟姊妹是世上少數可以共享兒時記憶的人
    (B) 因共同的成長背景，手足間的命運緊緊纏繞
    (C) 照顧年邁雙親的責任，必須由兄弟共同承擔
    (D) 手足不宜分家獨立，以免相忘於人生的荒漠

42. 關於本文的寫作手法，下列敘述何者錯誤？
    (A) 首段由朋友、情人、夫妻的關係起筆，帶出手足間的情誼
    (B) 第二段連用兩個反詰句，強調兄弟間深厚的情誼不可磨滅
    (C) 前兩段多處使用重複的字詞與類似的句型，可以強化語氣
    (D) 末段以雨樹為喻，描寫手足間看似疏離卻同根相連的關係

請閱讀以下報導，並回答 43～44 題：

周五看藍月　錯過要等到 2018 年

2015.07.29 記者○○○報導

　　「藍月」並不是指藍色的月亮，而是指一個月內的第二次滿月。月亮繞地球公轉軌道周期約 29.5 天，而國曆一個月為 30 或 31 天，久而久之，就會產生一個月兩次滿月的現象。

　　上次發生藍月是在 2012 年 8 月 31 日，今年則是 7 月 2 日與 31 日都有滿月，下次的藍月將是 2018 年 1 月 31 日，發生周期約 2～3 年。

　　這次藍月的月出時間為下午 6 時 23 分，想欣賞藍月者，可在 6 時 30 分以後朝東南方觀看。此外，8 月 2 日下午 6 時 3 分月亮通過軌道上最接近地球的位置，當天若是在月出後不久觀賞，會有「月亮錯覺」效應，月亮看起來又圓又大。

　　那麼，月亮到底會不會散發藍光？月亮確實可能看起來閃耀著藍色光芒。1883 年印尼的喀拉喀托火山爆發後，大量火山灰進入大氣層，其顆粒大小恰好使紅光不易通過，導致原本反射至地面的白色月光剩下偏藍色的光芒，此狀況持續兩年。

　　　　　　　　　　　　　　　　　　　　　── 改寫自《聯合報》

---

43. 關於「藍月」的訊息，下列何者本文<u>並未提及</u>？

　(A) 名稱的由來

　(B) 周期的間隔

　(C) 觀測的時機

　(D) 實際的定義

44. 根據本文，可推論出下列何者？
    (A) 本文可能刊登在星期二
    (B) 閏年的二月可能出現藍月
    (C) 藍月可能只是一種「月亮錯覺」的效應
    (D) 火山灰顆粒大小可能左右月亮看起來的顏色

請閱讀以下短文，並回答45～46題：

> 　　佟中丞鳳彩巡撫河南，年已老，每日五鼓，燃燭治文書，或坐倦假寐，少頃，輒瞿然₁起，自呼其名曰：「佟某，汝爲朝廷大臣，封疆之重，皆汝肩之，奈何不任事若此！」輒以手批頰數四。侍者爲之慄慄。
> 　　中丞在豫，恩澤普及，豫人感其德，猶繪像祀之。
> 　　　　　　　　　　　── 改寫自葛虛存《清代名人軼事》

45. 「佟中丞鳳彩巡撫河南」句中「巡撫」
    二字的詞性，與下列何者相同？
    (A) 燃「燭」治文書
    (B) 皆汝「肩」之
    (C) 輒以手批「頰」數四
    (D) 侍者「爲」之慄慄

　　📖
　　1. 瞿然：驚視貌。
　　　瞿，音ㄐㄩㄝˊ

46. 根據本文的敘述，可推知佟中丞的爲人如何？
    (A) 自許甚高，治事嚴謹
    (B) 嫉惡如仇，律下嚴厲
    (C) 貧賤不移，威武不屈
    (D) 豁達大度，不拘小節

請閱讀以下詩文，並回答 47～48 題：

> 甲：扶桑₁已在渺茫中，家在扶桑東更東。
>
> 　　此去與師誰共到？一船明月一帆風。
>
> 　　　　　　　　── 韋莊〈送日本國僧敬龍歸〉
>
> 乙：揚子江頭楊柳春，楊花愁煞渡江人。
>
> 　　數聲風笛離亭晚，君向瀟湘我向秦。
>
> 　　　　　　　　── 鄭谷〈淮上與友人別〉

47. 關於這兩首詩的內容，下列
　　敘述何者正確？

　　📖
　　1. 扶桑：相傳東海外有神木
　　名為扶桑，是日出之地。
　　亦為日本別名

　　(A) 甲詩描寫時間為晚上，
　　　　乙詩描寫時間是清晨
　　(B) 甲詩送別地點在扶桑，乙詩分別地點在揚子江
　　(C) 甲詩作者將與友人同行，乙詩作者送友人獨往
　　(D) 甲詩友人以船為交通工具，乙詩友人亦是如此

48. 關於這兩首詩的寫作手法，下列敘述何者正確？

　　(A) 甲乙兩詩皆遲至末句才點出友人前行的目的地
　　(B) 甲乙兩詩各自重複某些字詞，增添詩的節奏感
　　(C) 甲詩由眼前景寫到想像景，乙詩從想像景寫到眼前景
　　(D) 甲詩只有二、四句用韻，乙詩是一、二、四句皆用韻

106年國中教育會考國文科試題詳解

一、單題（第 1-34 題）

1. **B**

【解析】 從題幹「應當先想到事情的終局」可知此句話表示應先確立目標，也就是先看好路，「隨後著手去做」即表示再行動，故選 (B)。

2. **D**

【解析】 題幹中強調「把每個當下拉住」，並能「把年輕的心情都留下來」，可知寫詩就像幫「時間」造字，故選 (D)。

3. **C**

【解析】 (A) 宜改為「無限」暢飲/「無線」上網。
(B) 宜改為「身手」矯捷/「身首」異處。
(D) 宜改為「權力」再大/他人的「權利」。

4. **C**

【解析】 從題幹中「當時觀眾可把石子丟在他身上取樂」與「割裂自己的思想」可知<u>莎士比亞</u>認為喜劇演員廉價出賣的是自己的「尊嚴」，故選 (C)。

5. **A**

【解析】 (A) 表示讀書是喜悅的事。
(B) 讀書要有「嚴謹執著」的態度。

(C) 表示「努力不懈」的學習態度。

(D) 學習要有「持之以恆」的態度。

6. **C**

【解析】　從題幹自馮夢龍〈禁溺女告示〉引文先說明十月
　　　　　懷胎生子的辛苦，再分別從「爲父者」與「爲母
　　　　　者」的切入，表示女孩的重要性，「不論男女，總
　　　　　是骨血」與「且生男未必孝順，生女未必忤逆」
　　　　　皆是對「重男輕女」的反思，說明此乃不智之
　　　　　舉，故選 (C)。

【語譯】　一般來說歷經懷孕十個月，苦頭嘗盡，不管生了
　　　　　男孩或女孩，總是自己的親生骨肉，怎麼捨得溺
　　　　　死並拋棄他。身爲父親的你自己想想看，如果不
　　　　　留女孩，你的妻子從哪裡來？做爲母親的妳自己
　　　　　想想，如果不留女孩，妳是如何生存下來？而且
　　　　　男孩未必都會侍奉父母，克盡孝道，而所生的女
　　　　　孩未必不孝敬順從父母。

7. **C**

【解析】　從題幹「無心插柳的事多了，正好提供期待之外
　　　　　的另一番樂趣」，可知作者認爲順其自然，或許
　　　　　能發現人生中不同的樂趣。

8. **B**

【解析】　(A)「好比」、「像」、「似」擇一使用。

　　　　　(C) 刪「似乎」。

　　　　　(D)「彷彿」、「一般」、「似」擇一使用。

9. **D**

【解析】 (D) 末在木字之上加上一個符號，表木之上端，
說明樹梢所在，故為指事字。

(A)(B)(C) 皆為象形字。

10. **D**

【解析】 (A) 篆字時代較早／隸書時代較晚

(B) 篆字結構較繁複／隸書結構較簡單

(C) 篆字線條圓轉曲折／隸書破圓為方，化曲為直

11. **A**

【解析】 此文藉由「我最佩服的」、「總是意氣風發，滔滔
雄辯」來嘲諷是在那些喜歡開會、置眾人於不顧
的人，故選 (A)。

(B) 沒有使用對比技巧。

(C) 作者是無法忍受在會議中滔滔雄辯的人。

(D) 作者無法忍受滔滔雄辯的人，而非口吃的人。

12. **A**

【解析】 從題幹中「她的歌已超越音樂本身的影響力」與
「成為重要的音樂文化指標」可知伊迪絲‧琵雅
芙擴大香頌音樂的影響力，故選 (A)。

13. **D**

【解析】 從題幹「每日稍閑，則取班、馬、韓、歐諸家文，
舊日所酷好者，一溫習之，用此以養吾心而凝吾

神。」可知曾國藩雖然便工作繁忙，仍會趁暇閱覽詩書，修養心性。

(A) 曾國藩認爲養心凝神之道，在於溫習諸家之文，未提及與舊友切磋溫習詩文。

(B) 文中未提及仿效班、馬、韓、歐等名家的文章來寫作。

(C) 曾國藩在戎馬之際未堅持創作，也未提及成就不朽著作。

【語譯】 早年時就立志著述，但自從投入軍旅四處征戰後，這樣的念頭就擱置一旁，但也不敢棄詩書不聞不問。每日閒暇時，就拿出班固、司馬遷、韓愈、歐陽脩等諸位名家的文章，特別是過去所熱愛的作品，加以溫習，用來修身心性，凝聚思緒。

14. **A**

【解析】 從「不足恃的」、「不可靠的」與「順手揀來的……是不可想像的」來說明做事不能只依靠聰明才智或運氣。由「順手揀來」可知此段文字表達「務實」的重要性，故選 (A)。

15. **B**

【解析】 題幹中「到處芙蓉供醉賞，從他。自有幽人處士誇」的「從他」與「自有幽人處士誇」可知作者不隨流俗，終能得到認同與賞識，故選 (B)。

【語譯】 ① 秋花是冷寂素雅的，但黃葵又較秋花更冷寂淡雅。

② 四處都有荷花供人陶醉欣賞，隨他人的喜歡吧！自然有隱居的文人學士讚賞黃葵。

③ 兩三朵孤寂的黃葵花，在白天無風的吹拂也呈現著斜倚的姿態。

④ 在西窗落日餘暉的景色裡，何處人家也栽種著這種花。隨著輕風吹來，它的花瓣猶如女孩子捲起來的薄紗裙。

16. **C**

【解析】(C) 以具體的「獸」來比喻抽象的「孤獨」，是用具體事物來比喻抽象概念。

17. **C**

【解析】(C) 從「迂公適聞之，發笑曰」可知迂公原本不相信客人所說的話。

(A) 因食馬肝而死的人是文成。

(B) 馬不長壽，無關馬肝是否有毒。

(D) 從迂公殺馬的結果並無法證實客人的說法。

【語譯】有客人說：「馬的肝含有劇毒，可以毒死人，所以漢武帝說：『文成因吃馬肝而死。』」迂公正好聽到就發出笑聲說：「那個人根本是胡說的，肝在馬的肚腹中，為什麼馬不會毒死？」客人故意戲弄他說：「馬沒有百年的壽命，是因為腹中有肝的緣故。」迂公聽了恍然大悟，家裡有養馬，他便剖挖牠的肝臟，那匹馬立即死掉。迂公丟下刀，感嘆地說：「他的話是確實的，馬肝是有毒的。除去馬肝，牠還不能活命，何況是留下肝呢？」

18. **B**

【解析】從「士矜才則德薄」與「若能如執盈，如臨深」可知此段文字勸人莫炫耀才色，且要懂得謙虛，時時謹慎，不要隨意誇耀自身的才能或容貌，故選 (B)。

【語譯】妖嬌豔麗的容貌，每個時代都有；而具備高潔純淨的情操，卻很少被人知道。所以讀書人自恃其才而德行淺薄，女子炫耀美貌則往往有私情。如果能廣納雅言，如同面臨深淵一樣謹慎，就能成為品德端正的君子或淑女了。

19. **B**

【解析】「生理層面」的補充說明，因此用破折號「——」。「即將往生」與「面臨生命最後一段歲月」為並列連用的詞語，因此用頓號「、」。

20. **B**

【解析】(A)「逕」→ 不「脛」而走。
(C)「反」→ 不同「凡」響。
(D)「奇」→ 突如「其」來。

21. **C**

【解析】(C) 題幹中「讀者倘若沒有類似的體驗」可知作者認為文學的普遍性要有效力的前提在於「讀者有類似於作品的經驗」。

22. **A**

【解析】 從「沒有一個人從不羨慕別人」可知每個人都曾經羨慕他人，而從「只有少數人從沒被別人羨慕過」可知大多數的人都曾被羨慕過，故選 (A)。

23. **C**

【解析】 從題幹中「僻書也。或冀相公變理之暇，時宜覽古」可知溫岐認爲《南華》爲常見之書，令狐綯應該要知曉，因此建議令狐綯要多讀書，故選 (C)。

【語譯】 唐宣宗時，宰相令狐綯曾拿典故去請教溫岐，溫岐回答他「這個典故出自《南華》一書。」並說：「這本書不是冷僻的書籍。希望相公在治理國事的閒暇時間，能適時閱覽古書。」令狐綯聽完惱怒。

24. **B**

【解析】 (A) 郵票應貼在信封左上角，不必修改
(C) 寄信人可使用「緘」或「寄」，不必修改。
(D) 啓封詞不能用「敬啓」，不必修改。

25. **D**

【解析】 題幹與 (D) 皆爲「按照」、「依照」。
(A) 往、至。
(B) 及、比得上。
(C) 形容詞詞尾。相當於「然」，表情形或狀況。

26. **A**

【解析】 題幹中<u>蘇東坡</u>的飲食原則為每餐「一爵一肉」，
招待客人時「盛饌則三之，可損不可增」，可知
其對己與待客皆有所節制，故選 (A)。

(B) 招待尊客，最多只準備三道盛饌。

(C) 從「有召我者，預以此先之，主人不從而過
是者，乃止」可知<u>蘇東坡</u>受邀作客時，仍會
節制飲食。

(D) 受邀作客前，必先告知自家飲食原則。

【語譯】 <u>蘇東坡</u>自己說：「從今以後，每餐不過一杯酒，一
盤肉。有尊貴的客人來訪，才增加至三道菜，可
以減少但不能增加。有邀請我赴宴的朋友，我會
提前把這個原則告訴他，主人如果不按照這個標
準而超過了，我就會停止飲食。一來是安守本分
來增加福分，二來是讓胃寬鬆來滋養精氣，三來
是節省開支來聚養家財。」

27. **B**

【解析】 (B) 昂首：抬頭。萬丈深淵：形容極深的地方。
「萬丈深淵」應是俯瞰，因此與「昂首」語
意相互矛盾。

28. **D**

【解析】 (A) ㄕㄤˋ／ㄕㄤˇ

(B) ㄐㄧㄤˋ／ㄑㄧㄤˊ

(C) ㄙˋ／ㄘˋ

(D) ㄏㄜˋ

29. **C**

　　【解析】 (A) 出自<u>宋朝邵雍</u>〈安樂窩中吟〉，表示美酒只喝
到微醺醉之際，賞花則看它含苞欲放的時候，
前後句爲並列關係。

　　　　　　(B) 出自<u>宋朝楊萬里</u>〈閒居初夏午睡起・其二〉，
表示用兩手捧取泉水去澆芭蕉葉，此動作讓
兒童誤認爲是下雨聲。所以前句是眞實舉動，
非假設動作。

　　　　　　(C) 出自<u>宋朝朱熹</u>〈出山道中口占〉，表示與其埋
頭於書堆之中，不如暫時放下書本，出門到
郊外去尋訪春天。由「不如」可知將前句埋
頭讀書與尋春<u>互</u>作比較。

　　　　　　(D) 出自<u>宋朝盧梅坡</u>〈雪梅〉，表示梅花比不上雪
花三分潔白，雪花卻輸給了梅花的清香，沒
有遞進法。

30. **C**

　　【解析】 (A) 「此」爲「這個」，代詞。

　　　　　　(B) 「吾輩」爲「我們」與「伊」爲「你」，皆爲
代詞。

　　　　　　(D) 「汝」爲「你」，代詞。。

31. **A**

　　【解析】 (A) 由題幹中「登高」及「借風傳聲」的例子皆
可知善用周遭資源，可達事半功倍之效。

32. **A**

【解析】 題幹出自蘇軾《東坡志林》。文中的桃符是春節一月一日時所貼，而艾人則是端午節五月五日時懸掛於門。因此艾人諷刺桃符今年已經過了半年，到了辭舊迎新之際，桃符換掉，埋進土裡了，故選 (A)。

　　　　(B) 門神以自身經歷，來勸說桃符與艾人無須對彼此生氣。

　　　　(C) 三者位置由高而低依序應為艾人、桃符、門神。

　　　　(D) 桃符與艾人為了位置高下而爭吵不休。

【語譯】 桃符抬頭看艾草罵道：「你是什麼野草，竟待在我的上面？」艾草低頭對它說：「從春節到端午，你已經半截入土了，還要和我爭什麼高下嗎？」桃符惱怒，與艾草吵個不停。門神調解說：「我們沒出息，只能依靠在別人的門戶下，哪裡有空為這種小事而爭執呢？」

33. **D**

【解析】 從題幹中的「取之於大自然，還之於大自然，不會造成地球負擔、環境汙染」可知「將農作物轉加利用更能夠保護我們的地球」，故選 (D)。

【解析】 (A) 近代快速工業化是導致用農作物做成的物品大量消失。

　　　　(B) 文中是說明農作物製成的物品不會造成地球負擔。

　　　　(C) 文中未提及「以農作物製成的產品較工業產品更為精良」。

34. **C**

【解析】 (A)「殊途同歸」表示採取的方法雖不同，所得的結果卻相同與「各自返家」，語意不合。

(B)「如喪考妣」指「好像死了父母一般」表悲痛至極，不適合用在「母親過世」。

(D) 雙胞胎本就為手足關係，所以不能用「情同手足」來表示。

二、題組（第 35-48 題）

35. **B**

【解析】 由「認為 ADHD 者（注意力缺失的過動兒）其實沒有毛病，只是生錯了時空」、「如果我們願意換一個角度來看 ADHD 者，他們可能並沒有毛病」可知，故選 (B)。

36. **A**

【解析】 本文為強調現代人要培養多元能力。可知答案為 (A)。

(B) 上溯自遠古人類的行為由首段「現在所謂注意力缺失者的特徵……其實是遠古打獵採集時生存必要的特徵」可知。

(C) 由第三段「而現在學者又把 ADHD 者叫做有愛迪生基因者……」可知其行為特徵。

(D) 由末段「只是現在教育制度的限制，未必符合他們的天性罷了」可知。

37. **C**

【解析】由「要成為賽德克‧巴萊，賽德克族的男子必須要有精湛的狩獵技巧，並且成功出草獵回人頭之後，才能在頭目的見證之下，於下巴紋上代表成年的頤紋」因此，已接受紋面的莫那魯道不是為了即將到來的出草任務而期待，故答案為 (C)。

38. **D**

【解析】(A) 文中未提及須經頭目准許。

　　　　(B) 賽德克族人在年幼時都會刺上額紋，它象徵「生命」而非至高的尊嚴與榮耀（頤紋或頰紋才是至高榮耀）。

　　　　(C) 臉上沒有刺紋的人會被視為最羞恥的墮落，而非已屆婚齡卻不結婚者。

　　　　(D) 由「至於女子得以紋面的資格，……才能於臉頰兩側刺上頰紋」可知。

39　**B**

【解析】由「唐代的社會是貴族的社會，……杜甫只是地方節度使的客」可知中唐文人多在華貴階級中作客，故選 (B)。

　　　　(A) 由「從建安時期開始，文人多數是在朝做侍從供奉，或在外作一薄宦，或靠府主為生」可知建安文人多成為依靠府主為生。

　　　　(C) 由「中、晚唐詩人的作客生活尤其表顯這情形，直至五代不曾改。經五代之亂，世族社

　　會式微，到了北宋以後，文人每以射策登朝，
　　致身將相」可知五代文人與唐代文人的作客
　　生活仍不曾改變，自北宋始，文人便在科舉
　　時提出對策方略，進而加官晉爵，故並非五
　　代文人以文章推翻世族社會。

(D) 由「到了北宋以後，文人每以射策登朝，致
　　身將相」可知北宋文人藉科舉應對來加官晉
　　爵，並非寫詩。

40. **D**

【解析】 全文依朝代先後順序論述建安時期、唐代、五代、
　　　　北宋的先後順序來論述文人生活及文章風氣，故
　　　　選 (D)。

(A) 唐代與五代文人的處境相似，並無對比，無
　　法凸顯其風骨。

(B) 文中並未作細膩的空間描寫。

(C) 由「李白只是朝中權貴的客，杜甫只是地方
　　節度使的客」可知影響文人並非科舉。

41. **A**

【解析】 由第三段「我們清楚地記得彼此的兒時……」可
　　　　知，故選 (A)。

(B) 「不會跟好友一樣殷勤探問，不會跟情人一
　　樣常相廝磨，不會跟夫婦一樣同船共渡」，因
　　此彼此的命運並非緊緊纏繞。

(C) 文中並未提及說明。

(D) 文中並未提及兄弟不宜分家。

42. **B**

【解析】 第二段連用兩個問句，引出兄弟在父母過世後兄弟是否還會相聚的疑問。故選 (B)。

43. **A**

【解析】 文中並未明說「藍月」的由來，故選 (A)。

　　(B) 由「上次發生藍月是在 2012 年 8 月 31 日……發生周期約 2～3 年」可知。

　　(C) 由「想欣賞藍月者，……月亮看起來又圓又大」可知。

　　(D) 由「藍月並不是指藍色的月亮，而是指一個月內的第二次滿月」可知。

44. **D**

【解析】 (A) 報導時間為 7 月 29 日，再看標題「周五看藍月　錯過要等到 2018 年」，最後從文中「今年則是 7 月 2 日與 31 日都有滿月」可推知 7 月 31 日為周五，那本篇報導時間 7 月 29 日即為周三。

　　(B) 文中並未清楚說明。

　　(C) 由「此外，……月亮看起來又圓又大」可知「月亮錯覺」效應是指月亮又圓又大的外觀，並不是指「藍月」。

　　(D) 由「1883 年<u>印尼</u>的<u>喀拉喀托火山</u>爆發後，……此狀況持續兩年」可知火山灰可能會影響月亮顏色。

45. **B**

【解析】 (A)「蠟燭」，名詞。

(B)「擔負」，動詞。

(C)「面頰」，名詞。

(D)「因」，介詞。

46. **A**

【解析】 由「每日五鼓，燃燭治文書」、「坐倦假寐……輒以手批頰數四」可知，故選 (A)。

【語譯】 佟鳳彩中丞擔任河南巡撫一職時，年紀已大，每日五更天就點燃蠟燭批閱公文。有時坐久累了不小心打盹，不久，就驚慌地站起來，自己叫自己的名字說：「佟某人，你身為朝廷大臣，這些都是你所肩負的重責大任，你怎麼可以像這樣不做事！」就打自己耳光多次，陪侍左右的人對他的行為都感到驚懼。佟中丞在河南時，恩惠普及於百姓，河南百姓感念他的恩德，還繪製他的畫像來拜他。

47. **D**

【解析】 (A) 乙詩第三句「數聲風笛離亭晚」表示時間非清晨而是入暮時分。

(B) 甲詩扶桑並非送別地點，而是友人要前往之地。

(C) 甲乙兩首詩都是送別詩，並非與友人同行。

48. **B**

【解析】(A) 甲詩在第二句「家在扶桑東更東」就點明友
人前往的地點。乙詩在末句「君向瀟湘我向
秦」才點明兩人分別前往的地點。

(C) 甲詩的前兩句為描寫友人家鄉的遙遠，即非
眼前景，而末句「一船明月一帆風」才為想
像景；乙詩「揚子江頭楊柳春」為眼前景，
「君向瀟湘我向秦」為單純敘述，並非想像
之景。

(D) 甲乙兩詩皆是一、二、四句用韻。

【語譯1】扶桑遼遠而不易見，您家在扶桑東邊還要再往
東。

這次誰能與你一起回家鄉？願有明月和滿帆清
風陪伴你回家。

【語譯2】揚子江頭楊柳青青而春光明媚，柳絮紛飛讓渡
江之人無限惆悵。

向晚時於風笛聲中在驛站離別，你將要前往瀟
湘我卻奔向西秦。

106 年度國中教育會考
國文科公佈答案

題 號	答 案	題 號	答 案	題 號	答 案
1	B	17	C	33	D
2	D	18	B	34	C
3	C	19	B	35	B
4	C	20	B	36	A
5	A	21	C	37	C
6	C	22	A	38	D
7	C	23	C	39	B
8	B	24	B	40	D
9	D	25	D	41	A
10	D	26	A	42	B
11	A	27	B	43	A
12	A	28	D	44	D
13	D	29	C	45	B
14	A	30	C	46	A
15	B	31	A	47	D
16	C	32	A	48	B

劉毅英文家教班成績優異同學獎學金排行榜

姓　名	學　校	總金額	姓　名	學　校	總金額	姓　名	學　校	總金額
林子玄	建國中學	34999	劉星辰	松山高中	10000	洪子涵	縣明德國中	9000
李俊逸	建國中學	33532	郭子靖	麗山高中	10000	李安晴	衛理女中國中部	9000
李璨宇	建國中學	27666	陳均愷	大安高工	10000	陳鄲鄯	大安國中	9000
張心怡	北一女中	27666	黃義霖	高 中 生	10000	高梓馨	成淵國中	9000
范育馨	北一女中	27466	徐萱琳	大同高中	10000	李彥成	大同國中	9000
張文彥	建國中學	26666	游凱程	成功高中	10000	林彥凱	海山國中	9000
于辰欣	北一女中	26666	林于傑	松山高中	10000	高 行	仁愛國中	9000
汪汶姍	北一女中	26666	陳映綠	北一女中	10000	陳元彬	百齡國中	9000
劉可勤	建國中學	26666	楊承凡	敦化國中	10000	劉冠廷	海山國中	9000
周士捷	建國中學	26066	楊祐荃	福和國中	10000	黃長隆	師大附中	8333
許煥承	板橋高中	19000	朱庭萱	海山國中	10000	林佳嶸	新莊高中	8000
顧存困	成功高中	18333	張世敏	興雅國中	10000	闕湘庭	士林高商	8000
陳彥龍	建國中學	18333	陳彥劭	南門國中	10000	陳詠恩	新店高中	8000
周 毅	南門國中	18333	呂佳壎	長安國中	10000	曾亭諺	大安高工	8000
游一心	建國中學	18333	曾煦元	誠正國中	10000	郭柏成	中正高中	8000
林佑達	建國中學	18333	陳冠綸	南門國中	10000	王紹宇	海山高中	8000
涂冠竹	師大附中	18333	陳柏旭	大安國中	10000	賴靜文	蘭雅國中	8000
吳承達	建國中學	18333	黃嵩文	西湖國中	10000	洪向霖	永平高中	8000
劉秉軒	建國中學	16666	袁國凱	永吉國中	10000	許珈瑜	海山高中	8000
呂沄諮	松山高中	16000	張為綸	景美國中	10000	康育菁	永春高中	8000
田國邑	成功高中	15000	郭家晉	成淵國中	10000	許定綸	明倫高中	8000
簡婕翎	延平中學國中部	15000	蔡知均	仁愛國中	10000	張詠智	宜蘭高中	8000
蔡佳頤	師大附中	15000	楊承凡	敦化國中	10000	賴禹彤	內湖高中	8000
謝旻臻	麗山高中	15000	萬承達	中正國中	10000	呂沛健	東湖高中	8000
李承恩	成功高中	15000	陳宇翔	江翠國中	10000	陳彥升	和平高中	8000
劉奕均	新竹高中	15000	楊祐荃	福和國中	10000	陳孟婕	新莊高中	8000
康學承	恆毅中學國中部	15000	朱庭萱	海山國中	10000	蔡森旭	永平高中	8000
陳佩祺	板橋高中	15000	呂可弘	麗山高中	9000	翁穎程	再興中學	8000
吳彥霆	成功高中	15000	梁恩綺	景美女中	9000	王詠欽	仁愛國中	8000
許元愷	松山高中	15000	葉紹傑	復旦高中	9000	吳子恩	靜修女中國中部	8000
侯仲文	政大附中國中部	15000	李婕柔	華興國中	9000	鄭安璇	市中正國中	8000
廖珮妤	中山女中	14000	陳咸安	中崙高中	9000	李潔昀	萬華國中	8000
劉冠伶	景美女中	14000	簡彣熹	松山家商	9000	秦晨芳	興雅國中	8000
林子馨	板橋高中	14000	黃巧慧	海山國中	9000	陳宗震	內湖國中	8000
胡鈞涵	成功高中	14000	張喻珺	大同高中	9000	楊珮玲	市中山國中	8000
李昀浩	再興高中	14000	蘇知適	成淵高中	9000	楊傳芸	崇光國中	8000
袁輔瑩	松山高中	14000	陳映蓉	大同高中	9000	陳芊羽	陽明國中	8000
蔡禹萱	敦化國中	12000	賴譽毫	板橋高中	9000	蔡湘儀	金陵女中	8000
曹紘潔	中正高中	11000	石季韋	中和高中	9000	陳楡晴	永吉國中	8000
陳筱翎	中和高中	11000	陳鄲鄯	大安國中	9000	陳宗震	內湖國中	8000
張 晨	麗山國中	11000	李安晴	衛理女中國中部	9000	崔安綺	實踐國中	8000

※ 因版面有限，尚有領取高額獎學金同學，無法列出。

劉毅英文教育機構　台北本部：台北市許昌街17號6F（捷運M8出口對面・學養補習班）　TEL：（02）2389-5212
台中總部：台中市三民路三段125號7F（光南文具批發樓上・劉毅補習班）　TEL：（04）2221-8861
www.learnschool.com.tw

106 年國中教育會考各科試題詳解

主　　　編 / 劉　毅

發　行　所 / 學習出版有限公司　　　☎ (02) 2704-5525

郵 撥 帳 號 / 05127272 學習出版社帳戶

登　記　證 / 局版台業 2179 號

印　刷　所 / 裕強彩色印刷有限公司

台 北 門 市 / 台北市許昌街 10 號 2 F　　☎ (02) 2331-4060

台灣總經銷 / 紅螞蟻圖書有限公司　　☎ (02) 2795-3656

本公司網址　www.learnbook.com.tw

電 子 郵 件　learnbook@learnbook.com.tw

售價：新台幣二百二十元正

2017 年 7 月 1 日初版

高三同學要如何準備「升大學考試」

　　考前該如何準備「學測」呢？「劉毅英文」的同學很簡單，只要熟讀每次的模考試題就行了。每一份試題都在7000字範圍內，就不必再背7000字了，從後面往前複習，越後面越重要，一定要把最後10份試題唸得滾瓜爛熟。根據以往的經驗，詞彙題絕對不會超出7000字範圍。每年題型變化不大，只要針對下面幾個大題準備即可。

準備「詞彙題」最佳資料：

   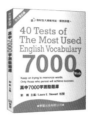

背了再背，背到滾瓜爛熟，讓背單字變成樂趣。

考前不斷地做模擬試題就對了！

你做的題目愈多，分數就愈高。不要忘記，每次參加模考前，都要背單字、背自己所喜歡的作文。考壞不難過，勇往直前，必可得高分！

　　練習「模擬試題」，可參考「學習出版公司」最新出版的「7000字學測英文模擬試題詳解」。我們試題的特色是：
①以「高中常用7000字」為範圍。②經過外籍專家多次校對，不會學錯。③每份試題都有詳細解答，對錯答案均有明確交待。

「克漏字」如何答題

　　第二大題綜合測驗（即「克漏字」），不是考句意，就是考簡單的文法。當四個選項都不相同時，就是考句意，就沒有文法的問題；當四個選項單字相同、字群排列不同時，就是考文法，此時就要注意到文法的分析，大多是考連接詞、分詞構句、時態等。克漏字是考生最弱的一環，你難，別人也難，只要考前利用這種答題技巧，勤加練習，就容易勝過別人。

準備「綜合測驗」（克漏字）可參考「學習出版公司」最新出版的「7000字克漏字詳解」。

本書特色：

1. 取材自大規模考試，英雄所見略同。
2. 不超出7000字範圍，不會做白工。
3. 每個句子都有文法分析。一目了然。
4. 對錯答案都有明確交待，列出生字，不用查字典。
5. 經過「劉毅英文」同學實際考過，效果極佳。

「文意選填」答題技巧

　　在做「文意選填」的時候，一定要冷靜。你要記住，一個空格一個答案，如果你不知道該選哪個才好，不妨先把詞性正確的選項挑出來，如介詞後面一定是名詞，選項裡面只有兩個名詞，再用刪去法，把不可能的選項刪掉。也要特別注意時間的掌控，已經用過的選項就劃掉，以免重複考慮，浪費時間。

準備「文意選填」，可參考「學習出版公司」最新出版的「7000字文意選填詳解」。

特色與「7000字克漏字詳解」相同，不超出7000字的範圍，有詳細解答。

「閱讀測驗」的答題祕訣

① 尋找關鍵字——整篇文章中，最重要就是第一句和最後一句，第一句稱為主題句，最後一句稱為結尾句。每段的第一句和最後一句，第二重要，是該段落的主題句和結尾句。從「主題句」和「結尾句」中，找出相同的關鍵字，就是文章的重點。因為美國人從小被訓練，寫作文要注重主題句，他們給學生一個題目後，要求主題句和結尾句都必須有關鍵字。

② 先看題目、劃線、找出答案、標號——考試的時候，先把閱讀測驗題目瀏覽一遍，在文章中掃瞄和題幹中相同的關鍵字，把和題目相關的句子，用線畫起來，便可一目了然。通常一句話只會考一題，你畫了線以後，再標上題號，接下來，你找其他題目的答案，就會更快了。

③ 碰到難的單字不要害怕，往往在文章的其他地方，會出現同義字，因為寫文章的人不喜歡重覆，所以才會有難的單字。

④ 如果閱測內容已經知道，像時事等，你就可以直接做答了。

準備「閱讀測驗」，可參考「學習出版公司」最新出版的「7000字閱讀測驗詳解」，本書不超出7000字範圍，每個句子都有文法分析，對錯答案都有明確交待，單字註明級數，不需要再查字典。

「中翻英」如何準備

可參考劉毅老師的「英文翻譯句型講座實況DVD」，以及「文法句型180」和「翻譯句型800」。考前不停地練習中翻英，翻完之後，要給外籍老師改。翻譯題做得越多，越熟練。

「英文作文」怎樣寫才能得高分？

① 字體要寫整齊，最好是印刷體，工工整整，不要塗改。

② 文章不可離題，尤其是每段的第一句和最後一句，最好要有題目所說的關鍵字。

③ 不要全部用簡單句，句子最好要有各種變化，單句、複句、合句、形容詞片語、分詞構句等，混合使用。

④ 不要忘記多使用轉承語，像*at present*（現在），*generally speaking*（一般說來），*in other words*（換句話說），*in particular*（特別地），*all in all*（總而言之）等。

⑤ 拿到考題，最好先寫作文，很多同學考試時，作文來不及寫，吃虧很大。但是，如果看到作文題目不會寫，就先寫測驗題，這個時候，可將題目中作文可使用的單字、成語圈起來，寫作文時就有東西寫了。但千萬記住，絕對不可以抄考卷中的句子，一旦被發現，就會以零分計算。

⑥ 試卷有規定標題，就要寫標題。記住，每段一開始，要內縮5或7個字母。

⑦ 可多引用諺語或名言，並注意標點符號的使用。文章中有各種標點符號，會使文章變得更美。

⑧ 整體的美觀也很重要，段落的最後一行字數不能太少，也不能太多。段落的字數要平均分配，不能第一段只有一、兩句，第二段一大堆。第一段可以比第二段少一點。

準備「英文作文」，可參考「學習出版公司」出版的：